ZEN RUND UM DIE UHR

Philip Toshio Sudo

ZEN RUND UM DIE UHR

Mehr Lebensfreude
und Gelassenheit –
Stunde für Stunde,
Tag für Tag

Aus dem Englischen
von Michael Schmidt

O. W. Barth

Für meine Mutter und meinen Vater,
die immer in mir leben

www.owbarth.de

Die Originalausgabe erschien 2001 unter dem Titel
«Zen 24/7. All Zen/All the Time» bei HarperSanFrancisco,
a division of HarperCollins Publishers, Inc., of 10 East 53rd Street,
New York, N.Y. 10022, USA

Erste Auflage 2003
Copyright © 2001 by Philip Toshio Sudo
Published by arrangement with HarperCollins Publishers, Inc.
All rights reserved.
Alle deutschsprachigen Rechte
beim Scherz Verlag, Bern,
für den Otto Wilhelm Barth Verlag
Alle Rechte der Verbreitung, auch durch Funk,
Fernsehen, fotomechanische Wiedergabe,
Tonträger jeder Art und auszugsweisen Nachdruck,
sind vorbehalten.
Einbandgestaltung: Scherz Verlag, Bern,
unter Verwendung einer Illustration von Julie Ting, Bern

ISBN 3-502-61100-9

INHALT

EINLEITUNG

Jede Handlung kann eine Quelle der Erkenntnis, ja der Erleuchtung sein: das Zähneputzen, der Gang ins Bad oder das Öffnen einer Dose Bier. Das verheißt uns Zen.

Egal, was wir tun oder wohin wir gehen – Zen steht uns rund um die Uhr zu Gebot: 24 Stunden am Tag, sieben Tage in der Woche. Nie verschwindet es, ganz gleich, wie routinemäßig der Tag uns erscheinen mag. Die banalsten Details des Lebens enthalten die tiefgründigen Wahrheiten des Zen, wenn wir in der geistigen Verfassung sind, danach Ausschau zu halten.

Es ist einfach, eine Bedeutung in den Tagen zu entdecken, die über die Normalität hinausragen: mit einer Beförderung, irgendeinem großartigen sportlichen oder beruflichen Triumph, einer Hochzeit, der Geburt eines Kindes. Aber wie steht's mit all den Tagen dazwischen? Das Ziel dieses Buches ist es, die alltäglichen, gewöhnlichen Teile unseres Lebens zu betrachten und die Bedeutung auch in ihnen zu erkennen und so im Üblichen aufzugehen, dass wir zur Erkenntnis einer tieferen Wirklichkeit gelangen. Indem wir dies tun, machen wir das Heute – das schlichte alte Heute – zu einem wahrhaft besonderen Tag.

Zen lehrt uns, dass unser Umgang mit dem Heute unseren Umgang mit dem Leben insgesamt bestimmt. Die Japaner nennen diese Einstellung *Ichi-nichi issho*: «Jeder Tag ist ein ganzes Leben.» Am Morgen stehen wir als Neugeborene auf. Im Laufe des Tages altern wir und gewinnen an Erfahrung. Wenn wir am Ende des Tages müde sind, «sterben» wir und begeben uns zur Ruhe. Dieser eine Bogen ist unser gesamtes Leben in nuce. Was wir während eines einzigen Tages tun – und wie wir es tun –, wird das Fundament unseres ganzen Lebens. Denn was ist das Leben anderes als die Summe unserer Tage?

Gerade dieser Tag kann der Wendepunkt eines Lebens sein. In einem einzigen Augenblick können wir uns dafür entscheiden, den Weg zu gehen, der kein Ende hat.

Indem wir jetzt anfangen.

Lassen wir den Tag beginnen.

ZEN
SONNE

ZEN
AUFSTEHEN

Weckerläuten
Atem
Rasur
Zähneputzen
Jalousien

ZEN
WECKERLÄUTEN

So gern wir uns umdrehen und wieder einschlafen möchten – irgendwann fängt der Tag für uns an. Was auch immer dazu dient, uns aus unserem Schlummer zu reißen – der Wecker, das Licht von draußen, die kalte Nase unseres Hundes –, wir sollten wissen: Der Zweck von Zen ist stets der gleiche.

Wir alle müssen erwachen, sagt Zen – zu unserer wahren Natur, zum zeitlosen Wesen in unserem Kern, das uns mit allem und allen verbindet. So viele Menschen schlafen in spiritueller Hinsicht, ohne sich der kostbaren Gabe bewusst zu sein, die wir haben. Wir halten das Leben für selbstverständlich, sind wie Schlafwandler, bis uns ein erschütterndes Ereignis wachrüttelt. Zen sagt: Warten Sie nicht, bis der Autounfall, die Krebsdiagnose oder der Tod eines geliebten Menschen die Dinge wieder zurechtrückt. Erwachen Sie jetzt.

Lassen wir den heutigen Weckruf den Beginn eines neuen Tages signalisieren – des ersten Tages in einem neuen Leben.

Aufwachen!

ZEN
ATEM

Das Leben beginnt mit einem einzigen Atemzug. In dem Augenblick, in dem wir geboren werden und den Leib unserer Mutter verlassen, beginnen wir den lebenslangen Prozess des Ein- und Ausatmens, der erst in dem Moment endet, in dem wir sterben. Nichts ist so fundamental, so unabdingbar für unser Leben wie das Atmen. Doch nur selten denken wir darüber nach.

Ein Zen-Lehrer hat einmal eine Versammlung von Mönchen auf drastische Weise darauf hingewiesen. Der Lehrer fragte: «Was ist das Wichtigste im Leben?»

«Nahrung», sagte einer.

«Arbeit», meinte ein anderer.

«Das Streben nach Wahrheit», erwiderte ein Dritter.

Der Lehrer bedeutete einem Mönch, vorzutreten. Er packte den Kopf des Mönchs, tauchte ihn in einen Kübel voll Wasser und hielt ihn so lange fest, bis der Mönch nach Atem ringend hochfuhr.

Die Versammlung begriff: Wir können tagelang ohne Nahrung leben, jahrelang ohne Arbeit oder ein Leben lang ohne Wahrheit, aber wir können nur ein paar Minuten ohne Atem existieren.

Wenn Sie morgens erwachen, recken Sie die Arme gen Himmel, und atmen Sie tief ein. Füllen Sie Ihr Inneres mit der Leere um Sie herum.

Atmen Sie leicht. Sie *leben*.

ZEN
RASUR

Rasieren ist wie Rasenmähen. In dem Augenblick, in dem wir fertig sind, beginnt das Wachstum aufs Neue. Und schon bald müssen wir es wieder beseitigen.

Die Energie, die unser Haar wachsen lässt, ist die gleiche, die das Gras wachsen lässt. Sie ist in uns und um uns herum. Wir sind nicht von ihr getrennt – wir sind *aus* ihr. Sie befindet sich direkt vor unserer Nase.

Der Zen-Meister Wakuan soll seinen Schülern die verblüffende Frage gestellt haben: «Warum hat Bodhidharma keinen Bart?» Diese Frage ist ein Rätsel, denn der Mönch Bodhidharma wird stets mit einem Bart dargestellt.

Wakuan will uns damit sagen, dass wir nach innen schauen sollen – unter die äußeren Erscheinungen, wo wir die Energie erkennen, die allen Dingen zugrunde liegt. Bodhidharma mag ja wirklich einen Bart haben, aber das ist nur seine körperliche Form. Das *Wesen* von Bodhidharma – die Energie in seinem Kern und im Kern von uns allen – hat keinen Bart. Das ist der wahre Bodhidharma, das wahre Sie und das wahre Ich.

Identifizieren Sie sich nicht mit der äußeren Form, auf der der Bart wächst oder das Haar an den Beinen, will Wakuan sagen, denn eines Tages wird sie sterben. Identifizieren Sie sich stattdessen mit der göttlichen Energie, die das Haar wachsen lässt. Die besteht ewig.

Die Wahrheit schneidet wie ein Rasiermesser.

ZEN
ZÄHNEPUTZEN

Niemand denkt: Wie lästig, dass ich *jeden Morgen bis zum Ende meines Lebens* meine Zähne putzen muss! Wir putzen morgens einfach unsere Zähne. Wenn die Zeit kommt, sie wieder zu putzen, putzen wir sie wieder.

Wir lernen als Kinder, wie wichtig es ist, sie täglich zu putzen. Schon bald wird es uns zu einer festen, guten Gewohnheit, und wir tun es automatisch.

Gute Gewohnheiten sind die Bausteine des Zen-Trainings. «Tugenden sind die Früchte der Selbstdisziplin und fallen nicht vom Himmel wie Regen oder Schnee», sagt der Zen-Meister Zengetsu. Indem wir diese guten Gewohnheiten entwickeln, nehmen wir die Einstellung des *shugyo* an, und das bedeutet wörtlich «seine Taten meistern».

Manche Anfänger sind von der Vorstellung des *shugyo* überwältigt – sie stellen sich eine schmale, gerade Linie vor, auf der sie für den Rest ihrer Tage gehen müssen. Sie denken: Was für ein langer Weg liegt vor mir!, und werden zu verzagt, um es auch nur zu versuchen. Aber die Einstellung des *shugyo* sollte so einfach sein wie das Zähneputzen.

Lassen Sie es nicht Ihre Sorge sein, eine Gewohnheit im Laufe der Zeit zu entwickeln.

Tun Sie es einfach heute.

ZEN
JALOUSIEN

Eine Zen-Geschichte handelt davon, wie der Meister Hogen sich anschickte, einen Vortrag zu halten, und auf die Rollos an den Fenstern deutete. Sofort gingen zwei Mönche hinüber und zogen sie hoch.

Hogen schaute den beiden zu und sagte: «Der Zustand des ersten Mönchs ist gut, der des anderen nicht.»

Was Hogen beobachtet hatte, war der Geisteszustand der Mönche, als sie aufstanden und die Rollos hochzogen. Die beiden hatten zwar die Wünsche des Meisters richtig erkannt, aber Zen-Gelehrte spekulieren, dass der zweite Mönch vielleicht aufgestanden war, um sich beim Lehrer lieb Kind zu machen. Im Zen braucht man keine Pluspunkte zu sammeln. Das Handeln fließt entweder ganz natürlich aus dem Herzen oder gar nicht. Selbst das Öffnen der Jalousien stellt eine Zen-Möglichkeit dar.

Ganz ähnlich hat mir einmal ein Aikido-Lehrer einen Test geschildert, dem er sich unterziehen musste, um den nächsten Grad zu erlangen. Damals ahnte er nicht, dass ein Drittel des Tests darin bestand, wie er den Saal betrat und sich hinsetzte, *bevor sein Name überhaupt aufgerufen wurde.* Die Meister hielten danach Ausschau, ob der Schüler sich bereits in einem kontinuierlichen Fluss befand, als er den Saal betrat, oder ob er den Test als einen getrennten Punkt betrachtete, an dem er «einschalten» und die Lehrer beeindrucken musste.

Wenn Sie die Jalousien öffnen, öffnen Sie sie so, als höben Sie den Schleier vor der Erleuchtung.

Oder öffnen Sie einfach die Jalousien.

Sehen Sie?

ZEN
FRÜHSTÜCK

Toast
Tasse Kaffee
Müsli
Morgenzeitung

ZEN
TOAST

In der Ex-und-hopp-Welt des modernen Lebens meinen viele Menschen, das Frühstück müsse eine rasche Angelegenheit sein – ein Toast und eine Tasse Kaffee zwischen Tür und Angel. Aber das Frühstücken hat eine spirituelle Bedeutung, das englische *breakfast* sogar wortwörtlich.

Breakfast heißt so viel wie das Fasten brechen – also wieder essen, nachdem man einen leeren Magen gehabt hat. Dabei spielt es keine Rolle, dass das «Fasten» durch den Schlaf erzwungen ist. Genauso wie das bewusste Fasten während der wachen Stunden ein Mittel zur spirituellen Erneuerung sein kann, kann dies auch das Fasten sein, das wir de facto nachts betreiben.

In Zen-Klöstern empfangen die Mönche ihre Mahlzeiten mit einem Sprechgesang, der sie an fünf Dinge erinnert:

1. dankbar für die Mahlzeit zu sein, wie einfach sie auch sein mag;
2. die Mühe zu würdigen, die sich alle – sichtbaren und unsichtbaren – Hände gegeben haben, um das Essen auf den Tisch zu bringen;
3. über ihr eigenes Handeln nachzudenken und darüber, ob sie aufgrund dieses Handelns die Mahlzeit verdienen;
4. das Essen als Medizin zu betrachten, die ihre Gesundheit erhält und Krankheiten abwehrt;

5. die Mahlzeit als eine Möglichkeit anzunehmen,
   Erleuchtung zu erlangen.

Wenn wir das Fasten der vergangenen Nacht brechen, können wir unseren Tag auf die gleiche Weise beginnen wie die Mönche im Kloster: indem wir unseren Geist auf die Ebene der Dankbarkeit versetzen, bevor wir unseren leeren Magen füllen.

Auf diese Weise ist das Frühstück tatsächlich die wichtigste Mahlzeit des Tages.

ZEN
TASSE KAFFEE

Erwachen und den Kaffee riechen?
   Den Kaffee riechen und *erwachen*!
   Zen.

ZEN
MÜSLI

Bevor wir unsere Schüssel mit Müsli füllen, sollten wir uns einen Augenblick Zeit nehmen und die leere Schüssel betrachten. Sehen Sie darin ein Paar Hände, die eine Schale bilden.

Der Legende nach nahm Siddhartha Gautama, als er zu der Reise aufbrach, die zu seiner Erleuchtung führte, nur ein Gewand und eine leere Schale mit. In den darauf folgenden Jahrhunderten symbolisierten Zen-Meister das Übertragen ihrer Autorität dadurch, dass sie ihren Nachfolgern ein Gewand und eine Schale gaben.

Wie Hände, die eine Schale bilden, verweist eine leere Schüssel auf die Bereitschaft, sich auf die Hilfe anderer zu verlassen. Eine solche Schüssel ist immer bereit zu empfangen, sei es Müsli oder eine Perle der Weisheit.

Statten Sie Ihren Dank ab, und seien Sie erfüllt.

ZEN
MORGENZEITUNG

Per definitionem sind Nachrichten aktuell, dem Augenblick verhaftet. Aber der Lärm des Tagesgeschehens kann unser Bewusstsein beherrschen und uns vergessen lassen, dass Nachrichten und Informationen nicht das Gleiche wie die Weisheit sind. Wir mögen über die jüngste Kontroverse auf dem Laufenden sein, aber wie schon das *Tao Te King* lehrt:

> *Menschen, die streiten,*
> *verstehen nicht;*
> *Und Menschen, die verstehen,*
> *streiten nicht.*

Gelegentlich machen wir Urlaub an einem Ort, an dem es keine Zeitungen und kein Fernsehen gibt. Und wenn wir wieder zu Hause sind, stellen wir fest, dass die Welt sich weiterdreht. Wir erkennen, dass es zwar recht wichtig sein kann, die Nachrichten zu verfolgen, dass dies aber wenig damit zu tun hat, ein spirituelles Leben zu führen. Auf dem Weg des Zen erfahren wir letzten Endes, dass es nur eine Schlagzeile gibt, die zählt: DER WEG ZUR ERLEUCHTUNG IST GENAU HIER, GENAU JETZT.

Mehr darüber im Inneren.

ZEN
ANZIEHEN

Kleidung
Make-up
Frisur
Spiegel
Lächeln

ZEN
KLEIDUNG

Alles, was wir tragen, sagt etwas über uns aus – wie wir uns selbst sehen und von anderen gesehen werden wollen. Zen erinnert uns daran, dass Kleider keine Leute machen. Unter der äußeren Hülle sind wir alle nackt und göttlich.

Als der Zen-Meister Ikkyu einmal zu einem Festmahl eingeladen war, erschien er in seinem zerlumpten Reisegewand und mit seinem Strohhut. Man hielt ihn für einen Bettler und warf ihn durch die Hintertür hinaus.

Als Ikkyu das nächste Mal eine Einladung erhielt, erschien er in seinem Zeremonialgewand. Nachdem man ihm serviert hatte, legte er das Gewand ab und breitete es vor seinem Tablett aus.

«Was machst du da?», wollte der Gastgeber wissen.

«Das Essen gehört dem Gewand, nicht mir», erwiderte Ikkyu, während er hinausging.

Wir alle legen eine Uniform an, wenn wir uns am Morgen anziehen – sogar Menschen, die die Gewänder von Zen-Mönchen tragen. Was sagt Ihre Kleidung über Sie aus?

Wie auch immer die Botschaft lautet, denken Sie daran: Unter all dem sind wir vom gleichen Fleisch.

Fühlen Sie sich wohl in Ihrer Haut.

ZEN
MAKE-UP

Form und Züge jedes Gesichts sind unverwechselbar, aber manchmal müssen wir das Gesicht vergessen und uns daran erinnern, dass wir am Ende nichts als Staub und Knochen sind. So viele Menschen leiden unter ihrer äußeren Erscheinung, weil sie im Vergleich mit Models und Filmstars oder auch nur mit dem Gesicht ihrer Jugend schlechter abschneiden, und legen Make-up auf, um die Falten zu verbergen, oder begeben sich unters Messer des Schönheitschirurgen, um die Haut straffen zu lassen. Aber der Zen-Meister Ikkyu erinnert uns daran, dass wir wie immer nicht nach den Äußerlichkeiten gehen sollen.

«Schau gut aus», sagt er. «Hör auf zu atmen, schäl die Haut ab, und jeder sieht am Ende gleich aus. Egal, wie lange du lebst, das Ergebnis ist immer dasselbe … Wer wird am Ende kein Skelett sein?»

Sobald wir uns dieser Tatsache bewusst sind, erkennen wir, dass hinter dem Gesicht, hinter dem Skelett unser *honrai no memmoku* liegt: unser ursprüngliches, ureigenes Gesicht – das Gesicht des Gott-Geistes in uns allen. Oder wie Zen-Meister es formulieren: «Wie war dein Gesicht, bevor deine Eltern geboren wurden?» Hinweis: Es ist das Gott-Gesicht, das wir der Welt jeden Tag zeigen.

Wie heißt es in der Werbung? «Vielleicht wurde sie damit geboren. Vielleicht ist es Maybelline.»

Zen sagt: Sie wurde damit geboren.

ZEN
FRISUR

Volles Haar hat nichts Statisches. Wir mögen uns noch so sorgfältig kämmen oder unsere Frisur mit Sprays oder Gels fixieren – selbst dann ändert sie sich ständig.

Jeden Tag fallen Dutzende von Haaren beim Waschen und Kämmen aus. Wenn nicht gerade die Kahlköpfigkeit einsetzt, werden diese Haare durch neue ersetzt, die in den Follikeln knospen, so wie Bäume ihre Blätter ersetzen.

Somit symbolisiert volles Haar den Prozess von Wachstum, Tod und Wiedergeburt, der in der Natur abläuft. Auch wenn wir die Veränderung nicht erkennen, während sie sich vollzieht, spielt sie sich doch vor unseren Augen ab, auf die gleiche Weise, wie unter dem Schnee, der im Winter den Boden bedeckt, die Saat des Frühlings liegt.

Ein im Winter geschriebenes Zen-Gedicht lautet:

> *Reglos dasitzen, nichts geschieht –*
> *der Frühling kommt, das Gras wächst.*

Wie oft am Tag überprüfen wir unser Haar im Spiegel? Jedes Mal, wenn wir dies tun, betrachten wir einen Mikrokosmos der großartigen Zyklen der Natur, die sich direkt auf unserem Kopf abspielen.

Im Zen gibt es keine Bad-Hair-Tage.

ZEN
SPIEGEL

Alles auf dieser Welt – alles – ist ein Spiegelbild der großen Natur. Als Menschen stammen wir aus derselben Energiequelle wie alles, was uns umgibt. Wenn wir also die Welt betrachten, sind wir Natur, die sich selbst betrachtet. Im Prinzip ist die ganze Welt, wie Ikkyu sagt, ein gigantisches Spiegelbild derselben großen Kraft: «Der Spiegel sieht sich im Spiegel – nirgendwo sonst.»

Durch das Zen-Training versuchen wir, vollkommene Spiegel zu werden – kristallklare Spiegelbilder der Natur und ihrer Prozesse. Zen-Meister bezeichnen dieses Ideal als *meikyo*, «makelloser Spiegel» oder «klare Grenze». Putze ständig den Spiegel, sagen sie, um dein Spiegelbild deutlicher zu erkennen. Wie lange auch immer wir trainieren – ständig werden neue «Staubflecken» auftauchen. Wir müssen diese Staubflecken wegwischen, bevor sie unsere Sicht trüben. Der Zen-Mönch Shen-hsiu sagt:

> *Dieser Körper ist der Baum der Erleuchtung,*
> *Der Geist steht wie ein leuchtender Spiegel da;*
> *Achte darauf, ihn stets sauber zu halten,*
> *Und lass niemals zu, dass Staub daran hängen bleibt.*

Wenn wir prüfend in den äußeren Spiegel schauen, um unser Haar, unser Make-up oder unsere Kleidung zu richten, sollten wir nicht vergessen, auch in unseren inneren

Spiegel zu schauen. Bevor Sie den Blick vom Spiegel abwenden, denken Sie daran, sich selbst zuzulächeln. Nehmen Sie sich einen Augenblick Zeit, um sicherzugehen, dass die Schönheit wirklich hindurchscheint.

Die Natur blickt sich selbst an.

Sieht gut aus.

ZEN
LÄCHELN

Was zaubert ein Lächeln auf Ihr Gesicht? Das könnte alles Mögliche sein: das Glucksen eines Babys, ein Hund, der uns an der Tür begrüßt, der Blickkontakt mit einem gut aussehenden Fremden. Jedes Lächeln entspringt einem Teil von uns selbst, der sich über ein Geschenk der Natur freut.

Die Zen-Überlieferung berichtet davon, wie der Buddha einmal seine Schüler zu einer Rede um sich versammelte, wobei er eine Blume zwischen den Fingern kreisen ließ. Während die Zuhörer stumm dasaßen, bemerkte nur einer in der Menge, Kasyapa, dass die wortlose Predigt bereits begonnen hatte. Kasyapa musste angesichts der Botschaft des Meisters strahlend lächeln: Alle Dinge spiegeln die göttliche Energie der Natur wider – jede Blume, jeder Stein, jeder Laut, jeder Anblick.

Sobald wir diese Wahrheit erkennen, müssen wir einfach lächeln.

ZEN
AUS DEM HAUS

Armbanduhr
Geldbörse
Schlüssel
Tür
Treppe
Guten Morgen

ZEN
ARMBANDUHR

Zwischen den beiden berühmten Baseballspielern Tom
Seaver und Yogi Berra kam es einmal zu folgendem Dialog:

Seaver: «Wie spät ist es?»

Berra: «Du meinst jetzt?»

Ganz gleich, zu welcher Tageszeit wir auf die Uhr sehen – die einzige Zeit ist jetzt. Wir hinken vielleicht hinter
einem Zeitplan her, kommen zu spät zu einer Verabredung
oder stecken im Stau, doch wir können nirgendwo anders
sein als dort, wo wir gerade sind: Unser Ort in der Zeit kann
sich nicht ändern. Wir können nur das Beste aus jedem
Augenblick machen, der uns gegeben ist.

«Dieser Tag wird nie wiederkommen», sagt der Zen-
Meister Takuan. «Jede Minute ist wie ein Juwel von un-
schätzbarem Wert.»

Bei dem hektischen Tempo des modernen Lebens leben
viele Menschen so, als habe der Tag nicht genug Stunden.
Sie stopfen ihre Terminkalender voll, arbeiten bis in die
Nacht hinein, leben mit dem Gefühl, dass die Uhr ständig
tickt. Andere Menschen leben, besonders in ihrer Jugend,
so, als hätten sie Zeit in Hülle und Fülle, und glauben, ein
Recht auf die Zukunft zu haben, und daran, dass das Morgen eine unverbrüchliche Tatsache sei.

Das Leben befindet sich stets am Rande des Todes, nur
einen Unfall von ihm entfernt. Bei den Japanern heißt es

über die Ungewissheit der Zukunft: «Einen Zentimeter weiter, und alles ist totale Finsternis.» Wenn wir diese Wahrheit erkennen, fangen wir an, die Zeit zu schätzen, die wir haben, so kurz sie auch sein mag. Wir fühlen uns nicht mehr getrieben, sie auszufüllen, ohne aufzuhören, über unser Leben nachzudenken, oder kostbare Stunden in müßiger Verschwendung zu vertrödeln.

Die einzige Zeit, der einzige Ort, um Erleuchtung zu finden, ist dieser Augenblick.

Kein Grund, auf die Uhr zu schauen.

Die Zeit ist jetzt.

ZEN
GELDBÖRSE

Niemand braucht zu Hause eine Geldbörse. Wir brauchen sie erst draußen in der größeren Welt.

Normalerweise enthält eine Geldbörse Geld, Bank- und Kreditkarten, einen Führerschein und einige private Fotos. Das Geld ermöglicht es uns, Waren und Dienstleistungen zu kaufen; Bank- und Kreditkarten verschaffen uns Zugang zu mehr Geld, ohne dass wir es dabei haben müssen; ein Führerschein stellt unsere Identität in der Welt her und gestattet uns, uns herumzubewegen; private Fotos halten den schützenden Geist unserer Lieben bereit, während wir von zu Hause weg sind.

Natürlich hat das, was uns in erster Linie jeden Abstecher in die Welt überstehen lässt, nichts mit dem zu tun, was in unserer Geldbörse ist. Auch wenn unsere Geldbörse verloren geht oder gestohlen wird, müssen wir uns auf unseren Verstand verlassen. Zen erfordert einen Geist des Selbstvertrauens. «Du brauchst ein Feuer? Schlage am besten einen Feuerstein an», lautet ein Zen-Spruch. «Du brauchst Wasser? Grabe einen Brunnen.» Wenn Sie Ihr Geld verlieren, haben Sie noch immer die Mittel zu leben. Wenn Sie Ihre Ausweispapiere verlieren, haben Sie noch immer Ihre Identität.

Der Schlüssel zur Sicherheit liegt nicht im Geld, in der Kreditkarte oder im Ausweis.

Er ist in Ihnen.

ZEN
SCHLÜSSEL

Aus irgendeinem Grund haben viele Menschen Probleme damit, sich zu erinnern, wo sie ihre Schlüssel hingetan haben. Ausgerechnet dann, wenn wir gerade rechtzeitig das Haus verlassen wollen, müssen wir noch nach unseren Schlüsseln suchen.

Zen verlangt Aufmerksamkeit für die alltäglichen Dinge des Lebens – wo wir Sachen hingetan haben, wie wir sie ausfindig machen. Mit einer einzigen Handlung können wir vom Weg abkommen oder ihn wieder aufnehmen. Wenn Geist und Handeln getrennt sind, geht Zen verloren. Wir stimmen beide aufeinander ab, indem wir aufmerksam sind.

Eine Zen-Geschichte handelt von einem Mönch namens Tenno, der gerade seine Ausbildung zum Zen-Lehrer abgeschlossen hatte. An einem regnerischen Tag suchte er den Meister Nan-in auf. Wie es in Japan üblich ist, zog Tenno seine Schuhe im Vorraum des Hauses des Meisters aus.

Nan-in hieß ihn willkommen, und sie setzten sich. Nachdem sie sich begrüßt hatten, sagte der Meister: «Ich fragte mich gerade, ob du deinen Schirm links oder rechts neben deinen Schuhen abgelegt hast?»

Der Mönch konnte die Frage nicht beantworten. Vielleicht dachte er bei seiner Ankunft darüber nach, was er seinem Lehrer sagen wollte, oder er war nervös wegen der Begegnung. Vielleicht malte er sich aus, wie sein Lehrer ihm zu seinem Abschluss gratulieren würde. Jedenfalls hatte Tenno nicht darauf geachtet, wo er seinen Schirm hintat. Als er erkannte, dass ihm noch immer das Zen-Bewusstsein fehlte, verschob er das Lehren und nahm seine Ausbildung wieder auf.

Wenn wir unsere Schlüssel hinlegen, sollten wir uns dessen bewusst sein, dass wir sie hinlegen. Wenn wir sie aufheben, sollten wir uns dessen bewusst sein, dass wir sie aufheben. Nichts anderes ist Zen.

Die beste Möglichkeit, uns daran zu erinnern, wo wir Dinge hingelegt haben, besteht darin, dass wir einen Platz für sie haben – getreu dem Sprichwort «Jedes Ding hat seinen Platz».

Darin liegt der Schlüssel.

ZEN
TÜR

Im Westen empfiehlt es sich «aufzutreten», wenn wir ein Zimmer betreten. Bei der japanischen Teezeremonie ist das unmöglich. Die traditionellen Häuser, in der sie sich abspielt, sind bewusst mit niedrigen Türen versehen, so dass jeder, der sie passiert, sich beim Eintreten oder Hinausgehen bücken muss. Niemand kann hindurchschreiten.

Dahinter steckt die Absicht, für eine Haltung der Demut zu sorgen, indem der Kopf gebeugt werden muss, so dass eine Änderung in der Einstellung bewirkt wird. Beim Eintreten wird man vor den Anwesenden gedemütigt, genauso wie diejenigen, die Ihnen folgen, vor Ihnen gedemütigt werden; beim Hinausgehen wird man vor dem Freien und der großen Natur gedemütigt.

Die Tür zum Teehaus symbolisiert somit die einzige Tür, die im Leben zählt: die Tür, die zur Erleuchtung führt. Treten Sie demütig durch die Tür, ohne Erwartungen, in die große, weite Welt hinaus. Entdecken Sie sich dort.

Offene Tür, offener Geist.

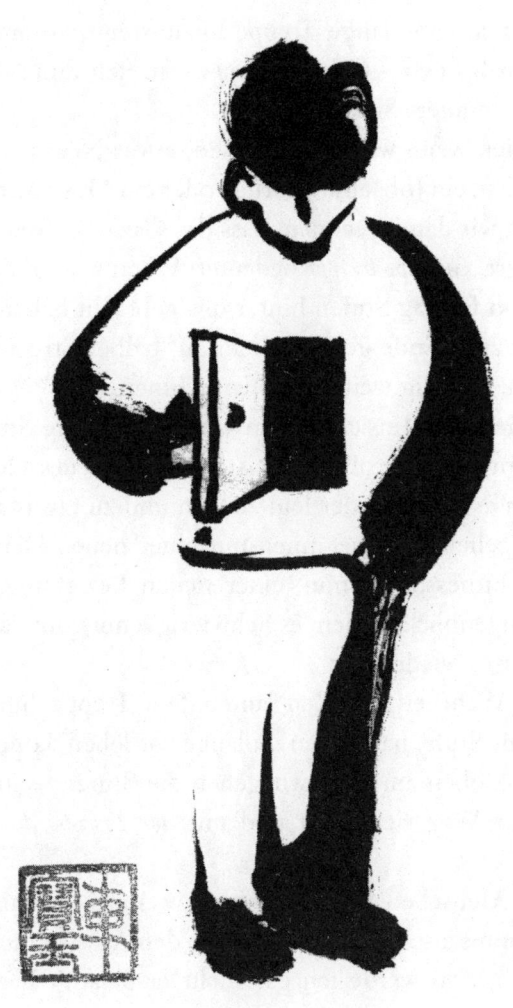

ZEN
TREPPE

Wenn man eine lange Treppe hinaufsteigt, kommt einem ein Zen-Spruch – *Gojuppo hyappo* – in den Sinn: «Fünfzig Stufen, hundert Stufen.»

Immer, wenn wir uns bemühen, etwas Neues zu lernen, sei es Zen, ein Job, eine Sportart oder ein Musikinstrument, müssen wir damit rechnen, dass das Ganze Zeit und Mühe erfordert. *Gojuppo hyappo* bedeutet: Wenn wir auf der Treppe schon fünfzig Stufen hinter uns gebracht haben, sollten wir bis zum Ende gehen. Nicht auf halber Strecke stehen bleiben. Fünfzig weitere Stufen nehmen.

In vielerlei Hinsicht geben wir nach fünfzig Stufen auf. Wir fangen mit großer Begeisterung ein neues Hobby an, nur um es dann wieder leid zu sein und zu etwas anderem überzugehen. Wir beginnen mit einer neuen Diät, einem neuen Fitnessprogramm, einer neuen Beziehung, und in dem Augenblick, in dem es Schwierigkeiten gibt, lassen wir sie oder es wieder sein.

Die Wahrheit des Zen lautet: Die Treppe führt ewig, Stufe für Stufe, nach oben. Solange wir leben, kommen wir nie ganz oben an. Aber wir gehen die Stufen weiter hoch, weil der Weg richtig ist und nur *der Prozess des Steigens* zählt.

Die Menschen werden mutlos, wenn sie anfangen, zu weit vorauszuschauen: «Ich schaffe den Anstieg nicht, es ist zu hoch, also werde ich gar nicht erst damit beginnen.»

Oder sie verpflichten sich heute dazu, jeden Tag hundert Stufen zu nehmen, und sind dann eine Woche später desillusioniert, weil sie nicht durchgehalten haben: «Ich kann es nicht durchziehen, es ist eine zu große Verpflichtung.»

Wir müssen nicht weiter vorausschauen als bis heute und uns zu nicht mehr verpflichten als dazu, eine Stufe zu nehmen. Wenn wir eine genommen haben, können wir uns dazu verpflichten, noch eine zu nehmen. Schon bald werden wir fünfzig geschafft haben. Schon bald hundert.

Schon bald werden wir Zen geschafft haben.

ZEN
GUTEN MORGEN

Wer hält schon inne, um darüber nachzudenken, warum wir «guten Morgen» sagen?

Was einen Morgen «gut» macht, ist nichts weiter als der Umstand, dass wir leben.

Wie aussagekräftig dies *guten Morgen* sein kann, wenn wir wirklich daran glauben. Zen-Meister haben einen Spruch, «*Hibi kore kojitsu* – jeder Tag ist ein guter Tag.» Das japanische Wort für gut in diesem Fall, *ko*, besteht aus zwei Zeichen, die nebeneinander gesetzt werden: dem Zeichen für «Frau» und dem Zeichen für «Kind». Wie tief und wie gut fließt die Liebe zwischen einer Mutter und einem Kind! Dies ist das Gefühl, mit dem wir, wie die Zen-Meister uns anweisen, jeden Tag betrachten sollen.

Auf einer kosmischen Ebene ist jeder Tag ein guter Tag, ganz gleich, welche Schwierigkeiten oder Herausforderungen sich einstellen können. Wenn wir uns diese Vorstellung jeden Morgen einprägen, werden wir nicht zulassen, dass wir Zeit damit verschwenden, in Selbstmitleid zu zerfließen: «Lass mich allein, ich habe einen schlechten Tag.» Jeder Tag ist ein ganzes Leben – solange uns Zeit bleibt, können wir es umkrempeln.

So oft tauschen wir unsere morgendlichen Höflichkeitsfloskeln mit Worten aus, die völlig gefühllos sind.

Heute sagen Sie «guten Morgen» genau so, wie Sie es meinen.

ZEN
JOB

Anfahrt
Arbeit
Computer
Telefonklingeln
Kalender
Besprechung
Visitenkarte
Händeschütteln

ZEN
ANFAHRT

Für viele Menschen ist der Weg von zu Hause zur Arbeit so vertraut, dass sie sich die ganze Route in Gedanken vorstellen können – jedes Hinweisschild, jeden Mautkassierer und jede Kurve. Und doch gibt es auf jeder Fahrt kleine Variationen. Das Wetter ändert sich; eine Baustelle wird eingerichtet; eine neue Reklametafel wird aufgestellt. Das Pendeln mag einem noch so sehr als Routine vorkommen – keine zwei Fahrten sind jemals identisch.

Die Zen-Meister nennen dieses Prinzip *ichigo ichie*, «eine Zeit, eine Begegnung». Es begann mit dem Teemeister Ii Naosuke, der im 19. Jahrhundert der oberste Verwaltungsbeamte des Shogun war. Naosuke musste ständig damit rechnen, von politischen Gegnern ermordet zu werden. Also begann er jeden Morgen mit einer Tasse Tee und dem Motto *ichigo ichie*, da er nie wusste, ob diese Tasse Tee seine letzte sein würde. Sein Misstrauen war berechtigt – 1860 erlag er einem Attentat. Aber sein Motto lebt in der japanischen Teezeremonie weiter. Ganz gleich, wie oft die Zeremonie abgehalten wird – jede ist ein einzigartiges Ereignis, das einen einmaligen Augenblick in der Zeit beansprucht.

Das Gleiche gilt für unsere Fahrt zur Arbeit. Wir fahren hin und zurück, hin und zurück, hin und zurück.

Jede Fahrt ist eine Erfahrung, die wir nur einmal im Leben machen.

ZEN
ARBEIT

Manche Menschen beklagen sich über ihren Job, aber Zen sagt, wir sollten für Arbeit immer dankbar sein – sie verschafft uns ein Dach überm Kopf und das Essen auf dem Tisch. Eine berühmte Geschichte erzählt von dem Meister Hyakujo, der sich mit achtzig Jahren noch immer auf dem Tempelgelände abrackerte. Seine Schüler flehten ihn an, sich Ruhe zu gönnen, doch er wollte nichts davon wissen.

Eines Tages versteckten die Schüler seine Geräte, um Hyakujo am Arbeiten zu hindern. Daraufhin weigerte sich der Meister zu essen.

«Keine Arbeit, kein Essen», sagte er.

Das ganze Leben ist ein in sich vernetztes System von Arbeit. Ohne die Arbeit von Bauern würde die Nahrung nicht wachsen. Ohne die Arbeit von Lastwagenfahrern würde sie nicht geliefert werden. Ohne die Arbeit von Lebensmittelhändlern würde sie nicht vertrieben werden. Alles, was uns umgibt – jedes Gebäude, jeder Gehsteig, jeder Gegenstand –, ist das Ergebnis menschlicher Arbeit.

Wie die Mönche in Klöstern müssen wir lernen, die Arbeit als integralen Bestandteil unserer spirituellen Praxis zu betrachten. Das bedeutet nicht, dass wir uns religiösen Dingen widmen müssen – es bedeutet, dass wir mit der Arbeit wie mit einer Möglichkeit umgehen sollten, die unseren Geist erhebt. Die Japaner sagen: «*Inoru yori kasege* – lieber arbeiten als beten.»

Egal, wie sich unsere Arbeit nennt, egal, wie viel sie uns einbringt – wir können uns dafür entscheiden, sie mit Würde und Sorgfalt anzugehen. Auf diese Weise kann sich ein Armer mehr Respekt verdienen als ein Präsident.

Verrichten Sie ein ehrliches Arbeitspensum. Es ist der Baustein eines spirituellen Lebens.

ZEN
COMPUTER

In diesem technischen Zeitalter verändern nur wenige Maschinen unser Leben so sehr wie der Computer. Zuweilen können diese Veränderungen überwältigend sein. Aber der Umgang mit Veränderungen steht im Zentrum des Zen-Studiums. Wenn Zen eine Praxis für jeden Augenblick ist, dann ist auch unsere Zeit an Tastatur und Maus ein Teil dieser Praxis.

Wir können unsere Praxis mit einer simplen Geste beginnen: indem wir der Maschine zunicken.

In der japanischen Schwertkunst verbeugen sich die Samurais vor und nach dem Training vor ihren Schwertern, zum Zeichen der Verehrung für ihre Kraft und Bedeutung im Leben.

Indem wir dem Computer zunicken, erweisen wir der Kraft, die unseren Fingerspitzen zu Gebote steht, einen ähnlichen Respekt. Viele Menschen verdienen ihren Lebensunterhalt dank dieser Technik. Indem wir dem Computer zunicken, erkennen wir seinen Beitrag zu unserem Leben an.

Mit dem Zunicken danken wir auch den unsichtbaren Händen und Köpfen, die dazu beitrugen, unsere Maschine zu erschaffen. Ein Computer wird nicht auf einem Ladenregal geboren. Er stammt von einer ganzen Reihe von Wissenschaftlern, Ingenieuren, Erfindern, Programmierern, Mathematikern, Designern, Herstellern – und sie alle ha-

ben auf dem Wissen derer aufgebaut, die vor ihnen da waren. Er stammt von Kunststoff- und Glaserzeugern, Packern und Spediteuren, Arbeitern, die Straßen, Schienen und Flugzeuge gebaut haben, ihren Müttern und Vätern, die sie in die Welt gesetzt haben, und den Lehrern, die ihnen beibrachten, was sie wissen mussten. Ihrer aller Geist existiert in jeder Maschine. Indem wir nicken, danken wir stumm diesen Menschen für das, was sie gaben, um das Werkzeug vor uns herzustellen.

Wenn wir lernen, auf diese Weise Respekt zu erweisen, findet eine innere Verwandlung statt. Die Maschine sieht dann für uns weniger seelenlos aus. Wir werden uns des Zusammenspiels von Werkzeug und Benutzer bewusst und fangen an, das wechselseitige Verknüpftsein – das Einssein – aller Dinge zu erkennen.

Von da an machen wir uns die Einstellung zu Eigen, *allem* zuzunicken – der Lampe, dem Schreibtisch, dem Dach und dem Fußboden. Schon bald führen wir ein Leben voller Dankbarkeit.

Mit einem einfachen Nicken verändern wir uns in der Tat mit einer sich verändernden Welt.

ZEN
TELEFONKLINGELN

Warum reagieren wir wie pawlowsche Hunde, wenn das Telefon klingelt? Wir lassen alles fallen, um den Hörer abzuheben.

Hier lässt sich eine Zen-Lektion des Meisters Ummon anwenden. Eines Morgens sah er, wie ein Mönch gehorsam auf eine Klosterglocke reagierte, die die Zeit signalisierte, die Zeremonialgewänder anzulegen. «Die Welt ist groß und weit», sagte Ummon. «Warum legst du dein siebenteiliges Gewand beim Klang einer Glocke an?»

Er meinte: Reagierst du auf die Glocke aus Gewohnheit, weil du das tun sollst? Oder weil du es tun *willst*?

Statt ein Sklave der Glocke zu sein, sagt Ummon, lassen wir uns von ihr daran erinnern, unsere Handlungen auf Denken zu gründen. Wenn wir auf die Glocke reagieren, sollten wir uns dabei unserer inneren Freiheit bewusst sein. Im großen Plan der Dinge haben wir es in der Hand, ob wir darauf reagieren oder nicht.

Bevor Sie den Hörer abheben, halten Sie einen Augenblick inne. Lassen Sie es noch einmal klingeln. Heben Sie nicht mitten im Klingeln ab – lassen Sie es sich vollenden (und lauschen Sie ihm), bevor Sie den Hörer abheben. Sammeln Sie sich in diesem Augenblick.

Beachten Sie den Unterschied. Wer den Hörer gehorsam abhebt, sagt: «Hallo?»

Wer sich beherrscht meldet, sagt: *«Hallo.»*

ZEN
KALENDER

Ein Spruch von Zen-Meistern lautet: «*Sanchu rekijitsu nashi* – kein Kalender im Bergkloster.» Stellen Sie sich vor, es gäbe keine Kalender. Keine Wochentage, keine Monate, keine Jahre. Wie würden wir uns in der Zeit orientieren? Auf die gleiche Weise wie unsere Altvorderen: jeden Tag am Auf- und Untergehen der Sonne, jeden Monat am Zyklus des Mondes, jedes Jahr am Zyklus der Jahreszeiten. Je mehr wir uns auf diesen zeitlosen Rhythmus einstellen, desto näher sind wir der Natur.

Wir stützen uns auf Begriffe wie «Montag» und «Februar», um unsere komplexen Terminpläne zu organisieren und das Vergehen der Zeit zu markieren. Aber wir sollten an den Mönch im Kloster denken, für den Vergangenheit und Zukunft eine Illusion sind. Für den Mönch gibt es kein Gestern oder Morgen – es gibt nur diesen Augenblick.

Vierundzwanzig Stunden am Tag.

Sieben Tage in der Woche.

Dreihundertfünfundsechzig Tage im Jahr.

ZEN
BESPRECHUNG

Besprechungen gehören zum Arbeitsleben. Sie können aber auch eine unglaubliche Zeitverschwendung sein. Stundenlang dürfen wir dasitzen und unkonzentrierten Chefs oder Menschen lauschen, die nur reden, um ihre eigene Stimme zu hören, und dann gehen wir auseinander, ohne dass etwas geleistet wurde.

Im Zen ist es eine Todsünde, Zeit zu verschwenden. Zeit zu verschwenden heißt, das Hier und Jetzt zu vergeuden, das, wenn Sie darüber nachdenken, alles ist, was wir haben.

Es ist schon schlimm genug, unsere eigene Zeit zu verschwenden. Noch schlimmer aber ist es, die Zeit anderer zu verschwenden. Wenn Menschen unserer Zeit keine Achtung erweisen, ist das unhöflich – den gleichen Mangel an Respekt gegenüber anderen an den Tag zu legen ist nicht nur unhöflich, es verletzt auch unsere spirituelle Praxis.

Wenn wir eine Besprechung ansetzen wollen, sollten wir zumindest drei Dinge tun:

1. *Wir fragen uns selbst: Warum ist diese Besprechung notwendig?* Geben Sie sich darauf eine absolut eindeutige Antwort, und achten Sie darauf, dass alle Teilnehmer sie auch verstehen.

2. *Fangen Sie rechtzeitig an.* Wir bestrafen diejenigen, die rechtzeitig kommen, wenn wir auf Nachzügler warten.

Ganz egal, wie wichtig diese Nachzügler sein mögen – alle Teilnehmer sollten als wichtig angesehen werden, sonst wären sie ja nicht da. Auf einer spirituellen Ebene ist die Zeit des einen Menschen nicht weniger wertvoll als die eines anderen, ganz egal, welche Berufsbezeichnung er hat.

3. *Hören Sie rechtzeitig auf.* Lassen Sie die Menschen genau wissen, wie viel Zeit sie hergeben sollen. Sobald sie sie gegeben haben, sollten Sie nicht versuchen, mehr zu nehmen.

Der schwere Teil der Zen-Praxis kommt, wenn wir zu einer Besprechung gerufen werden, die unsere Zeit zu verschwenden droht.

Hier müssen wir zu der Einstellung gelangen, die die Zen-Meister *muda zukai* nennen: Verschwendung nutzen.

1. *Bewahren Sie sich einen offenen Geist.* Wenn wir einen Raum mit einer negativen Einstellung betreten, indem wir alles zu wissen meinen, was passieren wird, verschließen wir unserem Geist die Möglichkeit des Lernens. Es gibt immer etwas zu lernen, selbst wenn es nichts mit der Tagesordnung der Besprechung zu tun hat.

2. *Üben Sie Geduld.* Besorgtheit und Frustration entstehen aus dem Wunsch, irgendwo zu sein, wo wir gerade nicht sind. Wir können nur dort sein, wo wir sind: gerade hier, gerade jetzt. Zen-Praxis heißt, diesen Ort mit Gelassenheit zu akzeptieren. Wir können nicht immer Herr der Lage sein, aber wir können immer unser eigener Herr sein.

3. *Beteiligen Sie sich.* Suchen Sie nach Möglichkeiten, einen positiven Beitrag zu leisten, genauso wie ein guter Musiker weiß, wie er in einer Jam-Session improvisieren muss. Wir sollten vermeiden, den anderen zu verstehen zu geben, dass wir das alles längst wissen. Wir sollten nach dem suchen, was die Gruppe als Ganze voranbringt.

4. *Bereiten Sie sich darauf vor, selbst an der Reihe zu sein.* Eines Tages sind Sie an der Reihe, die Besprechung zu leiten. Beobachten Sie; lernen Sie, was funktioniert und was nicht funktioniert. Wie die Japaner sagen: «Wenn ein intelligenter Mensch eine Schwäche an einem anderen erkennt, wird er seine eigene Schwäche beheben.» Es ist leicht, von außen Kritik zu üben – viel schwerer ist es, den Vorsitz zu haben.

In jeder Besprechung bietet jeder Augenblick eine einzigartige Chance zur Erleuchtung.

Verschwenden Sie sie nicht.

ZEN
VISITENKARTE

Der Austausch von Visitenkarten ist seit langem ganz normal in Japan, wo es für Arbeitnehmer üblich ist, ihre Unternehmenszugehörigkeit zu dokumentieren. Diese Praxis ist auch im Westen längst verbreitet.

Das japanische Wort für Visitenkarte – *meishi* – bedeutet wörtlich «der Stich von Name und Ruhm». Mit anderen Worten: Die Karte soll einen «stechenden», starken Eindruck auf den Empfänger machen.

Zen gibt überhaupt nichts auf Ruhm, insbesondere, wenn er auf Zugehörigkeit beruht. Lassen Sie den Titel, die Uniform, die Insignien weg – was haben Sie dann noch vor sich? Einen Menschen, der eines Tages sterben wird, genau wie jeder andere. Im Zen zählt nicht unser Status, sondern unsere spirituelle Entwicklung.

In diesem Sinn erzählt eine Zen-Geschichte davon, wie der Gouverneur von Kyoto einmal den Meister Keichu aufsuchte. Der Gouverneur übergab seinen *meishi*, auf dem stand: «Kitagaki, Gouverneur von Kyoto.»

«Ich habe mit so einem Burschen nichts zu schaffen», sagte Keichu. Er gab seinem Diener Order, den Gouverneur abzuweisen.

Der Diener brachte diesem die Karte zurück und entschuldigte sich. Der Gouverneur sagte: «Nein, das war mein Fehler.» Dann strich er die Worte *Gouverneur von Kyoto* durch und bat den Diener, es erneut zu versuchen.

«Oh, es ist Kitagaki», sagte Keichu. «Diesen Burschen will ich sehen.»

Indem er seinen Titel durchstrich, hatte sich Kitagaki für den bescheidenen Weg des Zen entschieden. Er kam zu Keichu nicht als Person mit einem Status, sondern als ein Mitreisender auf dem Weg – als Mensch.

Je weiter wir auf dem Weg der Erleuchtung vorangekommen sind, desto bescheidener werden wir. Wir sollten nicht versuchen, mit rein äußerlichen Insignien andere zu beeindrucken – oder uns selbst davon einnehmen zu lassen. Wenn wir unsere innere Arbeit tun, wird unser Geist unsere Visitenkarte sein.

Freut mich, Sie kennen zu lernen.

ZEN
HÄNDESCHÜTTELN

Wir schütteln Hände so reflexhaft, dass wir nur selten innehalten, um darüber nachzudenken, was dieser Brauch bedeutet. Ursprünglich, so die Anthropologen, war das eine Möglichkeit zu zeigen, dass man keine Waffen bei sich hatte.

Im Fernen Osten, wo es nicht üblich ist, sich die Hand zu geben, sondern wo man sich verbeugt – ein Anerkennen der inneren Gottheit im anderen –, hat die waffenlose Hand ebenfalls eine große Bedeutung. Der Name des Kampfsports *Karate* bedeutet wörtlich «leere Hand». Er bezeichnet eine Form der Selbstverteidigung, die ohne Waffen, nur mit den bloßen Händen auskommt. Der Name hat auch eine spirituelle Bedeutung. Der Karate-Meister Gichin Funakoshi sagt, das höchste Ziel des Kampfsports sei es, dass die Schüler ihre Hände, ihr Herz und ihren Geist von allen materiellen Wünschen leeren und damit die Aussicht auf Konflikte in der Welt verringern.

Als die gesellschaftlich am meisten akzeptierte Form der Berührung ist das Händeschütteln eine der Hauptmöglichkeiten, Energie mit anderen auszutauschen. Wenn Sie das nächste Mal die Hand ausstrecken, lassen Sie Ihre Energie die Botschaft von Funakoshis Karate übermitteln: dass mit einer offenen Hand ein offenes Herz und ein offener Geist verbunden sind.

Friede.

ZEN MITTAG

ZEN
AUTOFAHREN

Auto
Sicherheitsgurt
Straßenkarte
Klimaanlage
Glückswürfel
Passagier
Stoppschild

ZEN
AUTO

Der Zen-Lehrer Thich Nhat Hanh schlägt vor, dass wir jedes Mal, wenn wir den Motor anlassen, einen Augenblick lang über das, was wir tun, nachdenken sollen:

> *Bevor ich den Motor anlasse,*
> *Weiß ich, wohin ich fahren werde.*
> *Das Auto und ich sind eins.*
> *Wenn das Auto schnell fährt, fahre ich schnell.*

Nhat Hanh schlägt keineswegs vor, wir sollten unsere sonntäglichen Fahrten ins Blaue aufgeben. Wenn wir sagen: «Ich weiß, wohin ich fahren werde», heißt das, dass wir uns dazu verpflichten, dem spirituellen Weg vor uns zu folgen, wohin auch immer er führt. Selbst wenn wir eine uns unbekannte Straße entlangfahren, gilt noch immer in einem kosmischen Sinn, dass wir «wissen, wohin wir fahren».

Wenn wir die Straße entlangrasen, liegt das oft daran, dass wir innerlich rasen, statt gelassen zu sein. Wenn wir unser immanentes Einssein mit dem Auto – und darüber hinaus mit allen Dingen – erkennen, leiten wir den Prozess des Langsamerwerdens im Innern ein und fahren nicht hastig, sondern kontrolliert weiter.

Wir alle wissen, wohin wir fahren. Es gibt nur ein letztes Ziel.

Wir sehen uns dort wieder.

ZEN
SICHERHEITSGURT

Wir gehen nicht so durchs Leben, als stehe eine Katastrophe unmittelbar bevor. Doch müssen wir uns der Möglichkeit plötzlicher, unvorhersehbarer Veränderungen bewusst sein. Indem wir uns angurten, gestehen wir indirekt ein, dass es zu einem Unfall kommen könnte. Die Zen-Einstellung besteht darin, nichts für selbstverständlich zu halten. Für alle Fälle.

Wenn wir anfangen, die Dinge für selbstverständlich zu halten, sei es unsere Gesundheit, unsere Sicherheit, unsere Lieben oder unseren Platz im Leben, versäumen wir unweigerlich, dem, was wir haben, die rechte Dankbarkeit zu erweisen.

So viele Menschen halten das Geschenk des Lebens für selbstverständlich. Doch schon einen Zentimeter voraus herrscht absolute Finsternis. Das Leben ist kostbar – lassen Sie es uns entsprechend behandeln.

Gurten Sie sich an, und fahren Sie sicher. Kommen Sie lebendig an, und bedanken Sie sich.

Das ist Zen.

ZEN
STRASSENKARTE

Auf jeder Straße, die wir entlangfahren, folgen wir dem Weg von jemandem, der vor uns darauf gefahren ist. Das Gleiche gilt im Zen.

Manchmal vergessen wir, wie sehr unser Weg bereits kartiert ist. Alle Autobahnen, Durchgangs- und Nebenstraßen, auf denen wir fahren, mussten erst angelegt werden, bevor wir darauf fahren konnten. Manche sind so alt, dass sie aus uralten Fußwegen hervorgingen.

So ist auch im Zen der Weg zur Erleuchtung von den großen Weisen der Geschichte kartiert worden. In Japan bedeutet das Wort für Lehrer – *sensei* – wörtlich «zuvor im Leben» oder «einer, der zuvor gegangen ist». Wenn wir uns auf den Lebensweg begeben, verlassen wir uns darauf, dass der *sensei* uns leitet. Wenn wir anfangen, uns zu verirren, steuert der *sensei* uns auf den Weg zurück. Wenn wir in unserer Verwirrung nicht wissen, welchen Weg wir einschlagen sollen, bietet uns der *sensei* Richtungen an.

Doch ganz gleich, wer den Weg vor uns angelegt hat – wir alle müssen die Wahrheit allein entdecken. Jeder von uns ist einzigartig. Niemand ist jemals genau den Weg gegangen, den wir gehen werden, und das kann auch niemand, denn nur wir nehmen diesen bestimmten Körper in diesem bestimmten Raum in diesem bestimmten Augenblick der Zeit ein. Selbst mit einer Straßenkarte in der Hand müssen wir jedes Straßenschild besonders beachten, wenn wir in einer uns fremden Stadt unterwegs sind, weil es keinen Lehrer gibt, der unserer eigenen Erfahrung entspräche.

Das war die Lehre des Zen-Meisters Kempo, als ein Mönch an ihn herantrat und um Anweisungen bat. Der Mönch sagte: «Es steht geschrieben: ‹Alle Buddhas betreten die eine gerade Straße zum Nirvana [der Einheit mit dem Absoluten].› Ich frage mich noch immer, wo diese Straße sein mag.»

Kempo zog mit seinem Stock eine Linie in der Luft. «Hier ist sie», erwiderte er.

Die eine gerade Straße erstreckt sich vor uns. Auf ihr sind alle Weisen zuvor gegangen.

Fahren Sie weiter.

ZEN
KLIMAANLAGE

In Bezug auf die Kampfsportarten heißt es oft, das beste Training finde beim heißesten und beim kältesten Wetter statt. Das sind Zeiten, in denen der Körper lernt, sich auf die Elemente der Natur einzustimmen.

Daher gibt es in Zen-Klöstern auch keine Klimaanlage oder Zentralheizung. Ein Mönch beklagte sich einmal über die Temperatur und fragte seinen Meister: «Wie können wir diese Extreme vermeiden?»

«Warum gehst du nicht an einen Ort, an dem es weder Kälte noch Hitze gibt?», erwiderte der Meister.

«Gibt es denn einen solchen Ort?», fragte der Schüler.

«Gewiss», sagte der Meister. «Wenn es kalt ist, sei ganz und gar kalt, und wenn es heiß ist, sei ganz und gar heiß.»

Der Meister wollte damit sagen: Werde eins mit der Umwelt. Wir sind in und aus der Umwelt, nicht getrennt von ihr – die Temperatur unterscheidet sich nicht von uns. Wenn wir der Hitze oder der Kälte nicht zu entrinnen vermögen, können wir sie nur bekämpfen, indem wir sie akzeptieren.

Halten Sie sich warm, und bleiben Sie cool – gleichzeitig.

In dem Augenblick, in dem Sie glauben, es sei höllisch heiß, erinnern Sie sich: «Hier ist der Himmel.»

ZEN
GLÜCKSWÜRFEL

Glückswürfel, dekorative Talismane, hängen an Rückspiegeln, besonders bei Fans hochfrisierter Autos. Sie erinnern uns daran, dass das Leben ein Glücksspiel ist. Aber oft genug werden wir törichterweise zu Spielern, wenn es gar nicht notwendig ist.

Wir sehen, wie Autofahrer andere rasant überholen, weil sie irgendwohin müssen, wie sie anderen Fahrern einen Parkplatz wegschnappen oder sie nicht einfädeln lassen wollen. Die Spannung nimmt zu. Es kommt zu aggressivem Verhalten im Straßenverkehr. Und wofür? So wenig wird durch einen derartigen Egoismus gewonnen.

Wenn zornige Fahrer uns eilig überholen wollen, sollten wir sie lassen. Wohin sie fahren, ist nicht der Weg. Zen liegt darin, wenn man sagt: «Nach dir.» Höflich und selbstlos zu handeln, die Bedürfnisse anderer über unsere eigenen zu stellen heißt, mit dem Mitgefühl zu leben, das aus der wahren spirituellen Praxis erblüht. Wie sagt doch das *Tao Te King*:

> *Der Weise ist voraus,*
> *indem er hinterher ist;*
> *Ist der Erste,*
> *indem er der Letzte ist;*
> *Ist ganz,*
> *indem er leer ist;*
> *Und ist erfüllt,*
> *indem er selbstlos ist.*

Durch die einfache, höfliche Aussage «nach dir» fangen wir an, den Geist zu beruhigen und das Gefühl der Eile zu eliminieren. Wir beginnen, mit dem Verkehr zu fließen, nicht dagegen anzukämpfen. «Fließende Bäche wetteifern nicht miteinander», sagen die Zen-Meister.

Lassen Sie diese Glückswürfel am Spiegel hängen. Es ist nicht nötig, sie heute zu werfen.

Lassen Sie jemand anderen sein Glück versuchen.

ZEN
PASSAGIER

Wenn wir ein Auto mit anderen teilen, Bus oder Zug fahren, sind wir Passagiere – wir reisen durch Zeit und Raum in der Richtung einer größeren Energie. Aber was ist das für eine Energie?

Die Energie des Fahrers? Des Fahrzeugs? Des Treibstoffs, der das Fahrzeug bewegt? Oder ist sie das Göttliche?

Ganz gleich, wo wir sind, ganz gleich, wohin wir fahren – wir alle sind Passagiere auf dem Mutterschiff Erde, umkreisen die Sonne mit hunderttausend Kilometer pro Stunde.

Wir fahren immer im Kreis herum.

Genießen Sie die Fahrt.

ZEN
STOPPSCHILD

Das Stoppschild erinnert uns daran, unsere Geschwindigkeit zu verringern, einen Augenblick innezuhalten und uns umzuschauen. Darin liegt eine ganze Lebensphilosophie.

Bei aller Hast des modernen Lebens müssen wir uns daran erinnern, wie wichtig Stille und Ruhe in der spirituellen Praxis sind. Wir sollten diese Augenblicke begrüßen, in denen wir die Bremse betätigen, tief Luft holen und uns selbst sammeln können, bevor wir weiterfahren.

Einer der großen Zen-Namen, Ikkyu, bedeutet wörtlich «eine Pause». Ikkyu erhielt den Namen von seinem Lehrer, nachdem er den Durchbruch zur Erleuchtung geschafft hatte. Das entscheidende Ereignis, das Ikkyus Geist öffnete, war das Krächzen einer Krähe. Was Ikkyu auffiel, war nicht nur der Laut der Krähe, sondern die Pause zwischen den Lauten. Später schrieb er über dieses Erlebnis:

> *eine Pause zwischen jedem rücksichtslosen*
> *Krähengeschrei Ikkyu Ikkyu Ikkyu*

Für Ikkyu symbolisierte die Pause zwischen dem Krächzen den kurzen Abschnitt des Menschenlebens. In der großen Kette der Existenz leben wir auf dieser Erde nur eine winzige Pause lang, dann ist es Zeit, weiterzuziehen.

Ob Sie sich einer Kreuzung nähern oder in diesem Abschnitt leben: Halten Sie voll inne.

ZEN
MITTAGESSEN

Drive-in-Restaurant
Fahne
Hamburger
Erfrischungsgetränk

ZEN
DRIVE-IN-RESTAURANT

Nichts ist so typisch für das Fast Food wie das Drive-in-Restaurant. Sie essen zu Mittag, ohne Ihr Auto zu verlassen! Unser Leben ist heutzutage so hektisch geworden, dass wir unser Essen nicht schnell genug bekommen können.

Aber auch beim Drive-in-Restaurant gibt es ein Zen-Element – die Vorstellung nämlich, dass alles, was wir tun, und jeder Ort, an den wir uns begeben, Teile eines ununterbrochenen Weges sind. Oder wie die Zen-Meister sagen: *«Kokon muni no michi* – es gibt nur einen Weg.»

Wir können anhalten und ein gemütliches Mittagessen zu uns nehmen oder durch das Drive-in-Restaurant rauschen, aber für uns gibt es nur einen Weg. Wir können nichts anderes tun als das, was wir gerade tun – wenn wir fertig sind, bewegen wir uns weiter. Jedes einzelne Ereignis ist Teil einer größeren Existenz – einer Existenz, die uns fortwährend weiterbringt.

Anhalten, starten, durchfahren: Alles ist auf dem gleichen Weg.

Alles, um zu gehen.

ZEN
FAHNE

Am Drive-in-Restaurant sehen wir Fahnen im Wind flattern. Aber was bewegt sich da eigentlich?

Eine Zen-Geschichte handelt von zwei Mönchen, die genau über so eine Frage diskutieren. Eine Fahne war außerhalb eines Zen-Tempels gehisst worden, um der Öffentlichkeit die Predigt des Meisters anzukünden. Als der erste Mönch die Fahne in der Brise flattern sah, sagte er: «Der Wind bewegt sich.» Der andere erwiderte: «Die Fahne bewegt sich.»

Der Zen-Meister Bodhidharma bekam die Diskussion mit und korrigierte beide. «Nicht der Wind, nicht die Fahne», sagte er. «Der Geist bewegt sich.»

Alle Dinge auf dieser Welt bewegen sich, während sich die Erde um ihre Achse und um die Sonne dreht. Aber trotzdem, lehrt Zen, bleiben wir ein ruhender Punkt im Zentrum. Wenn sich der Geist bewegt, sagt Bodhidharma, sind wir nicht ruhig und zentriert. Wenn wir ruhig und zentriert sind, bewegt sich der ruhende Punkt in uns, während wir uns bewegen.

Der Wind hat sich gelegt, die Fahne hängt schlaff herab.

Dennoch
in Bewegung.

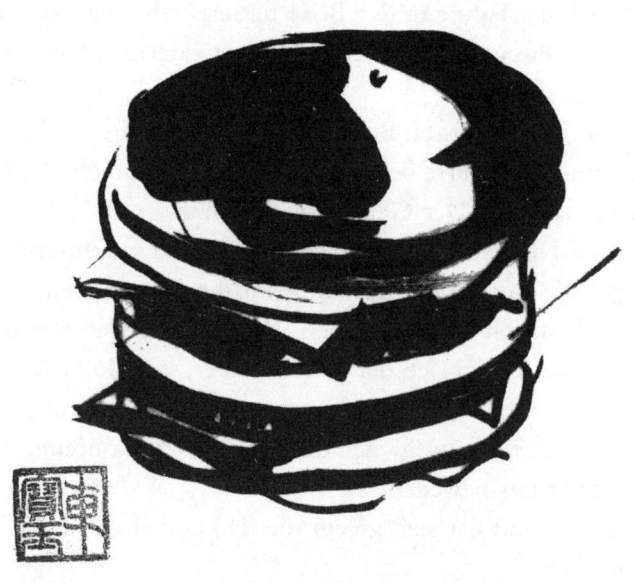

ZEN
HAMBURGER

Die Mittagspause sollte eine Zeit sein, in der wir uns aus der Mittagssonne begeben und etwas essen, bevor wir zur Arbeit zurückkehren. Aber so oft erblicken wir heutzutage geschäftige Menschen, die während der Mittagspause arbeiten oder im Gehen essen. Sie mampfen auf der Straße eine Pizza oder holen sich im Drive-in-Restaurant einen Hamburger und essen am Schreibtisch. Im Zen gibt es einen Spruch: «Geh und iss nicht gleichzeitig.» Das ließe sich auch über das gleichzeitige Essen und Arbeiten sagen.

Wenn die Zeit zum Essen kommt, auch wenn es nur für einen Augenblick ist, setzen Sie sich hin, entspannen Sie sich, und denken Sie an das Essen. Das muss kein formelles Tischgebet sein, obwohl viele religiöse Menschen auf diese Weise beginnen. Seien Sie einfach achtsam. Selbst jene Schüler und Workaholics, die nur von Kaffee und Junkfood zu leben scheinen, können dankbar für die Nahrung sein. Jeder, der jemals gehungert hat, weiß, dass alle Nahrungsmittel kostbar sind. Halten Sie nichts – nicht einmal ein fettes Tellergericht – für selbstverständlich. Das heißt spirituell leben.

Manche Schüler betrachten den Spruch «Geh und iss nicht gleichzeitig» fälschlicherweise als bindende Regel. Es geht einfach darum, dass man seinen Handlungen Aufmerksamkeit widmet. Der Zen-Lehrer Seung Sahn hatte auf einem Retreat in San Francisco eine Variante dieser Lehre parat.

«Esst und lest nicht gleichzeitig Zeitung», sagte er. «Wenn ihr esst, esst einfach. Wenn ihr Zeitung lest, lest einfach Zeitung.»

Am nächsten Morgen sah ein Schüler, wie Sahn eine Zeitung las, während er aß.

«Ich dachte, du hättest gesagt, man solle nicht gleichzeitig essen und Zeitung lesen», sagte der Schüler.

Darauf erwiderte Sahn: «Wenn du isst und Zeitung liest, iss einfach und lies die Zeitung.»

Und wenn Sie im Gehen Ihren Lunch essen, dann *essen Sie Ihren Lunch im Gehen* – wobei Sie sich Ihres Tuns bewusst und dankbar sind, dass Sie da sind, um es zu tun.

Tun Sie es auf Ihre Weise.

Tun Sie es auf dem Weg.

ZEN
ERFRISCHUNGSGETRÄNK

Wenn Sie eine Dose Cola in ein Glas gießen, steigt die Kohlensäure auf und entweicht aus dem Glas. Diese Kohlensäure ist wie unser Leben, sagen die Zen-Meister. Oder wie es in alter Zeit hieß: «Wenn du Reis kochst, wisse, dass das Wasser dein eigenes Leben ist.»

Von dem Augenblick an, in dem wir eine Dose öffnen, dauert es nicht lange, bis das Getränk schal wird. Diese Bläschen, die aus einer Dose Cola aufsteigen, sind so kurzlebig, so lebhaft, so überschäumend – gerade da und im nächsten Augenblick weg – wie wir.

Trinken Sie aus!

ZEN
BESORGUNGEN

Besorgungsliste
Bankguthaben
Geldautomat
Reinigung
Einkaufszentrum
Shopping
Kreditkarte
Unterschrift
Lebensmittel

ZEN
BESORGUNGSLISTE

Aufmerksamkeit schenken

Aufpassen

Strecken

Gymnastik

Geschirr spülen

Den Spiegel abwischen

Unkraut jäten

Zur Arbeit gehen

Mama und Papa anrufen

Studieren

Praktizieren

Dranbleiben

ZEN
BANKGUTHABEN

Die Zukunft, erklären uns die Zen-Meister, ist nichts weiter als eine Illusion. Es existiert nur der gegenwärtige Augenblick. Warum also für morgen sparen?

Weil die Zen-Meister auch *shi on* sagen – «denke in die Ferne». Es stimmt, Zen ist eine Philosophie des gegenwärtigen Augenblicks, aber im gegenwärtigen Augenblick liegt das Potenzial der Zukunft. Bei jedem Schritt, den wir im Zen tun, vermischt sich ein Bewusstsein des Ortes, an dem wir uns auf dem Weg befinden, mit einem Bewusstsein des Ortes, dem wir unseren Schritt zuwenden.

Es gibt so viele Dinge, die wir mit unserem Geld tun können, statt es zu sparen. Aber indem wir etwas beiseite legen, vollziehen wir einen bewussten Akt der Selbstdisziplin. Wenn wir dies tun, denken wir nicht nur «in die Ferne», sondern praktizieren auch im gegenwärtigen Augenblick.

Die Meister der japanischen Teezeremonie kennen den Spruch: «Wenn es eine Vorbereitung gibt, wird es kein Bedauern geben.» Bereiten Sie sich auf die Zukunft im gegenwärtigen Augenblick vor, und ganz gleich, was das Morgen bringt, es wird kein Bedauern geben, weil Sie den richtigen Schritt auf dem Weg getan haben.

Einen Penny für Ihre Gedanken.

ZEN
GELDAUTOMAT

Wer hätte nicht gern mehr Geld? Wir arbeiten dafür, rechnen uns aus, wie wir es leihen und ausgeben können, machen uns Gedanken, wie wir es anlegen sollen, träumen davon, was es für uns tun kann. Zuweilen vergessen wir, dass spirituelle Reichtümer mehr zählen als materielle.

Materiell gesehen, kann die Welt in Besitzende und Besitzlose eingeteilt werden. Aber in spiritueller Hinsicht sind wir alle immanent Besitzende. Wir müssen für diese Tatsache offen bleiben.

Darauf verweist auch eine Zen-Parabel. Es ist die Geschichte von zwei Freunden, der eine erfolgreicher als der andere. Da der Reichere seinem ärmeren Freund helfen wollte, ohne ihn in Verlegenheit zu bringen, nähte er ihm einen Edelstein in den Ärmel, als der Freund eingeschlafen war.

Als dieser später erwachte, hatte er keine Ahnung von dem Edelstein in seinem Ärmel. Im Laufe der Jahre ärgerte er sich immer mehr darüber, dass sein Freund so erfolgreich war. Schließlich klärte ihn der Reichere über das Geschenk auf, das er ihm gemacht hatte: «Ich habe einen Edelstein in deinen Ärmel eingenäht und gebetet, dass er dir das Kapital verschaffen möge, von dem du irgendwie deinen Lebensunterhalt bestreiten könntest.» Seine Kleidung war inzwischen ganz zerlumpt, doch als der Arme in seinen Ärmel schaute, entdeckte er, dass das Geschenk sich noch immer darin befand. Dieser Schatz wurde seine Rettung.

94

Der Teemeister Soshitsu Sen XV. erklärt:

Der Edelstein bezeichnet die Buddha-Natur in jedem von uns. Obwohl jeder diesen Schatz besitzt, haben die meisten Menschen keine Ahnung davon. Der angesehene Mann, der seinem Freund half, Bewusstheit zu erlangen, steht für den Buddha, der Freund, der vom Wohlwollen seines Freundes keine Ahnung hatte, für die Menschheit. Da wir von dem Schatz, den wir alle besitzen, nichts wissen, verlieren wir unsere Fähigkeiten und gehen müßig durch ein sinnloses Leben.

Wenn es eine Funktion des Lebens in der heutigen Welt ist, dass das Geld unser Denken beherrscht, dann sollten wir darüber meditieren und es nicht von uns Besitz ergreifen lassen. Wenn wir Geld aus dem Geldautomaten nehmen, sollten wir uns daran erinnern, wie wir zu diesem Geld gelangt sind – durch Arbeit, Sparen oder die Wohltätigkeit anderer –, und für den Schatz danken, den wir alle besitzen: den Edelstein im Ärmel.

Stecken Sie Ihr Geld ein, und sagen Sie: «Ich habe, was ich brauche.»

ZEN
REINIGUNG

Wir unterscheiden gern zwischen Tätigkeiten, die «wichtig» sind, und solchen, die es nicht sind. Ein größeres Projekt termingerecht abzuschließen ist wichtig – die Sachen zur Reinigung zu bringen nicht. Wenn wir auf das letzte Jahr zurückblicken, erinnern wir uns nicht an all die Besorgungen, die wir erledigt haben, denn was tun wir, wenn wir Besorgungen erledigen? Nichts Besonderes.

Darin liegt Zen.

Der Zen-Meister Rinzai sprach begeistert von *bu ji* – dem Nichtstun. Wörtlich bedeutet *bu ji* «frei von Handeln» oder «Abwesenheit von Handeln». Rinzai wollte damit nicht das Lob der Faulheit anstimmen. Er wollte damit sagen, wir sollten einfach zulassen, dass die Natur durch uns ihren Lauf nimmt.

Wenn ein Blatt von einem Baum fällt, wenn ein Fluss zum Meer fließt, wenn eine Biene von Blüte zu Blüte fliegt, geschieht dies ohne «Handeln» oder «Tun». Die Natur ist einfach. Auf die gleiche Weise, sagt Rinzai, sollten Menschen einfach sein.

In intellektueller Hinsicht glauben wir vielleicht, *bu ji* sei unmöglich zu erlangen. Doch im Gegenteil – es ist für uns völlig natürlich. Nicht immer erkennen wir das *bu ji*, weil wir uns per definitionem nicht bewusst sind, irgendetwas «zu tun», wenn sich die Natur durch uns ausdrückt. Wenn wir gehen, denken wir nicht über all die Teile unseres Körpers nach, die zusammenwirken, damit wir gehen – wir gehen einfach. Das ist *bu ji*: Natürlichkeit.

Es gibt zahllose Dinge, die wir während eines Tages tun, die scheinbar keine Bedeutung haben und an die wir uns ein Jahr oder auch nur eine Woche später nicht mehr erinnern. Doch sie alle sind ein Teil des Lebens. Jedes banale Detail, das so rasch vergessen ist, markiert unsere Zeit auf dieser Erde. Wir tun nichts.

Leben einfach.

ZEN
EINKAUFSZENTRUM

Mit seinen vielen käuflichen Dingen bietet das Einkaufs-zentrum an, Bedürfnisse zu befriedigen, von deren Vor-handensein wir nicht die geringste Ahnung haben. Aber wie viele von diesen Dingen sind absolut lebenswichtig? Schon der Begriff *verfügbares Einkommen* verweist auf eine Ver-wendung von Geld, die alles andere als wesentlich ist. Ge-ben wir Geld aus, nur um noch mehr Dinge zu erwerben? Hemmungslos Wünsche zu befriedigen? Mehr zu kaufen, als wir uns leisten können?

Wenn wir unsere Wünsche einschränken, schränken wir automatisch unsere Ausgaben ein, so dass uns mehr Geld für die Dinge übrig bleibt, die wir als wesentlich erachten. Wie heißt es doch im *Tao Te King*?

> *Das größte Unglück*
> *ist das Verlangen.*
> *Die größte Last*
> *ist die Gier.*
> *Der größte Fluch*
> *ist die Unzufriedenheit.*
>
> *Nur die, die wissen,*
> *wann genug genug ist,*
> *werden je genug haben.*

Es ist so einfach, Geld auszugeben, so leicht, Dinge zu wollen. Ein Einkaufszentrum sorgt im Allgemeinen dafür, dass wir uns auf das konzentrieren, was uns fehlt, statt auf das, was wir haben. Zweifellos macht das Einkaufen im Einkaufszentrum Spaß. Aber wenn Sie den Drang verspüren, einen impulsiven Kauf zu tätigen, betrachten Sie das, was diesen Impuls auslöst. Wenn Begehrlichkeit, Gier und Unzufriedenheit die Ursache sind, dann ist das ein Signal heimzufahren.

Wonach wir suchen, werden wir im Einkaufszentrum nicht finden.

ZEN
SHOPPING

Was wir uns mit Geld kaufen können	Was wir uns nicht mit Geld kaufen können
Güter	Güte
Dienstleistungen	Dienen
Essen	Erfüllung
Bücher	Weisheit
Kleidung	Stil
Joggingschuhe	Selbstdisziplin
Kunst	Geschmack
Geschenke	Dankbarkeit
Unternehmen	Kooperation
Luxus	Anmut
Lifting	Jugend
Land	Natur
Gesundheitsfürsorge	Gesundheit
politisches Amt	Charakter
Soldaten	Ergebenheit
Waffen	Sicherheit
Erfahrungen	Erfahrung
Zen	Zen

ZEN
KREDITKARTE

Wie rasch können wir durch eine Kreditkarte in eine finanzielle Abwärtsspirale gelangen. Der Reiz, «jetzt zu kaufen, später zu bezahlen», erweist sich für viele Menschen als zu verführerisch, als dass sie ihm widerstehen könnten, und plötzlich erzeugen die Gebühren und Zinsen einen Berg von Schulden, der jeden Monat größer wird.

Die Japaner sagen: «Es ist einfacher, einen Dieb auf einem Berg zu finden als einen Dieb in deinem Herzen.» Der Dieb in unserem Herzen ist der Wunsch nach sofortiger Befriedigung: etwas haben zu wollen, ohne die Mittel – oder die Disziplin – zu besitzen, dafür zu bezahlen. Wir wollen die Belohnung jetzt, das Vergnügen jetzt, das neue Spielzeug jetzt. Wir bestehlen unsere Zukunft, um ein unmittelbares Verlangen zu befriedigen. Wir rauben uns das Geld, das wir erst noch verdienen müssen. Hier ist ein Dieb, den wir auf irgendeine Weise zu fassen bekommen müssen.

Durch Zen erfahren wir den Wert dessen, was schwer verdient ist. Wenn wir hart gearbeitet und unser Geld für ein bestimmtes Ziel gespart haben, wissen wir, wie viel Zeit und Mühe das Erreichen dieses Ziels für uns bedeutet. Wir können sogar zu der Erkenntnis gelangen, dass das Ziel, nach dem wir uns einst sehnten, nicht mehr so wichtig ist, dass das Geld, das wir im Schweiße unseres Angesichts verdient haben, für etwas Wertvolleres ausgegeben werden sollte.

Die Zen-Meister sprechen von dem Bedürfnis nach *nin*, was so viel heißt wie «stillschweigend ertragen». Wörtlich bedeutet es «eine scharfe Klinge im Herzen», eine Anspielung auf den Schmerz, den uns langwierige Geduld bereitet.

Wenn Sie nach der Plastikkarte greifen, ohne die Mittel zu haben, die Schulden zu bezahlen, warten Sie. Wenn Ihnen das wehtut, benutzen Sie diese scharfe Klinge im Herzen, um den Dieb zu töten.

ZEN
UNTERSCHRIFT

Der Zen-Meister Dogen hat einmal gesagt: «Ich bin nicht andere Menschen, und andere Menschen sind nicht ich.» Eine Unterschrift erklärt das Gleiche. Sie besagt: «Ich bin dieser Mensch und nicht jemand anders; dies ist mein einzigartiges Kennzeichen; dies ist das, hinter dem zu stehen ich bereit bin.»

Ob wir damit unser Einverständnis signalisieren, die Summe auf einer Kreditkartenquittung zu bezahlen, uns an die Bedingungen eines rechtsverbindlichen Dokuments zu halten oder die Urheberschaft eines Briefes zu akzeptieren – eine Unterschrift setzt unseren Namen darunter, und zwar buchstäblich wie im übertragenen Sinn. Worunter wir unseren Namen setzen, dafür müssen wir auch die Verantwortung übernehmen.

Dogen sagt, wir müssen auch die Verantwortung für unsere eigene Erleuchtung übernehmen. Wenn wir sagen: «Ich bin nicht andere Menschen, und andere Menschen sind nicht ich», bedeutet dies, dass ich der Einzige bin, der Erleuchtung in diesem Körper erlangen kann – niemand anders kann dies für mich tun. Ich muss meinem eigenen Weg folgen und mit meinen Entscheidungen leben.

Wenn wir ein Papier unterschreiben, tun wir gut daran, uns an Dogens Worte zu erinnern. Wenn wir unseren Namen auf die gepunktete Linie schreiben, sollten wir uns von dieser Linie an unsere Verpflichtung erinnern lassen, dem Weg zu folgen.

Unterschreiben Sie mit dem Geist, Verantwortung zu übernehmen.

ZEN
LEBENSMITTEL

Auf dem Markt mustern wir sorgfältig die Früchte und Gemüse und suchen uns unter den Fisch- und Fleischstücken das in unseren Augen Beste aus. Aber alle Lebensmittel tragen die Segnungen des Lebens.

Das war die Lektion, die der Zen-Mönch Banzo lernte, als er Zeuge einer Unterhaltung zwischen einem Metzger und dessen Kunden wurde.

«Geben Sie mir das beste Stück Fleisch, das Sie haben», sagte der Kunde.

«Alles in meinem Laden ist vom Besten», erwiderte der Metzger. «Sie können hier kein Stück Fleisch finden, das nicht das beste ist.»

Für Banzos Ohren prahlte der Metzger nicht bloß mit der Qualität seiner Filets. Er verwies auf eine tiefere Wahrheit: Alle Dinge strahlen etwas Göttliches aus. Im Laden des Metzgers – oder in der großen, weiten Welt – gibt es nichts, worauf wir deuten könnten, das diese Ausstrahlung nicht hat.

Setzen Sie diese Ausstrahlung auf die Einkaufsliste, und denken Sie daran, danach Ausschau zu halten.

ZEN
FITNESSTRAINING

Gymnastik
Stretching
Sit-ups
Fahrrad
Jogging
Wasserflasche
Dusche
Toilette
Knabbersachen

ZEN
GYMNASTIK

Wenn Ärzte davon sprechen, wie wichtig die Gymnastik ist, betonen sie normalerweise die damit verbundenen körperlichen Vorteile, aber natürlich hat sie auch einen geistigen Nutzen.

Wir entwickeln mentale Stärke, wenn wir den Widerwillen des Körpers, sich anzustrengen, überwinden. Wir alle haben Ausreden, um keine Gymnastik zu treiben – wir haben nicht genug Zeit, wir sind zu müde, wir werden nächste Woche damit beginnen. Es erfordert Selbstdisziplin, diese Ausreden zu ignorieren und den Körper in Bewegung zu setzen. Wenn wir anfangen, faul zu werden, muss der Geist einschreiten und die Aufmerksamkeit konzentrieren. Wie die Samurai sagen: «Der einzige Gegner ist im Inneren.» Der Geist ist gefordert, die Erschöpfungsgefühle des Körpers zu überwinden.

Wir fahren damit fort, die mentale Konzentration aufzubauen, indem wir unsere Aufmerksamkeit der anstehenden Aufgabe widmen. Die Gymnastiktasche tragen, die Gymnastikkleidung anziehen, unsere Schuhbänder schnüren – jeder Augenblick ist eine Gelegenheit, den Geist davon abzuhalten, träge zu werden und abzuschweifen. Je mehr wir unsere Konzentration aufrechterhalten, desto mehr wirkt sie sich auf alles aus, was wir tun, egal, wie groß oder wie klein die Aufgabe ist.

Durch die fortgesetzte, bewusste Anstrengung schwitzen

wir unsere Unreinheiten aus und bauen einen starken Geist auf – eine Bereitschaft, Hindernisse zu überwinden, einen Hunger weiterzumachen, eine Unermüdlichkeit auf dem Weg. Das japanische Wort für Gymnastik – *undoh* – hat all diese Bedeutungsnuancen. Es hat seine Wurzel in der Vorstellung von einer Armee, die auf dem Vormarsch ist, schweres Gerät mit Kraft und Energie vor sich herschiebt. Das erste Schriftzeichen des Wortes bedeutet auch «Glück», es verweist damit auf die göttliche Bewegung des Glücks, das eine marschierende Armee begleitet. Somit wohnt *undoh* die Vorstellung inne, dass wir unser Glück machen, wenn wir uns selbst anstrengen.

Es gibt keine Ausreden.

Der einzige Gegner ist in uns.

ZEN
STRETCHING

Für den Nutzen des Stretchings vor und nach der Gymnastik gibt es genügend Belege. Ein gelenkiger Körper ist weniger verletzungsanfällig und kann sich flüssiger bewegen. So heißt es im *Tao Te King*:

> *Wenn Menschen geboren werden, sind sie geschmeidig,*
> *und wenn sie sterben, sind sie steif.*
> *Wenn Bäume geboren werden, sind sie zart,*
> *und wenn sie sterben, sind sie brüchig.*
> *Steifheit ist somit ein Begleiter des Todes,*
> *Biegsamkeit ein Begleiter des Lebens.*

Wir können diese Worte nicht nur auf unseren Körper, sondern auch auf unseren Geist anwenden. Je flexibler unser Denken, desto gelassener werden wir. Jedes Mal, wenn wir anfangen, die Welt starr, in eingefahrenen Gleisen zu betrachten, verlieren wir das für Zen charakteristische Fließen.

Hier eine zusätzliche Lockerungsübung. Wenn Sie eine Rumpfbeuge machen, um die Zehen zu berühren, verbeugen Sie sich demütig vor der Erde. Wenn Sie die Arme nach oben strecken, lobpreisen Sie den Himmel.

Das ist Stretching für den Geist.

ZEN
SIT-UPS

Wenn die Samurai sich für etwas besonders anstrengen wollten, pflegten sie zu sagen: «*Hara o kukuru* – fessle die Eingeweide.»

Wenn wir Sit-ups machen, bekunden wir die gleiche Entschlossenheit. Der Akt des Aufsetzens aus der flachen Rückenlage baut spirituelle Stärke auf – wir ziehen uns durch Willenskraft vom Boden hoch. «Sieben Mal hinunter, acht Mal hinauf», lautet ein japanisches Sprichwort. Sooft wir auf dem Weg ausgleiten – wir müssen wieder aufstehen und weitermachen. Sit-ups tragen dazu bei, diese Art von Ausdauer und Charakter aufzubauen.

Manchmal glauben wir, wir müssten in einen Fitnessclub gehen oder ein Fitnessprogramm entwickeln, bevor wir mit der Gymnastik anfangen können. Aber jede Stelle auf dem Boden eignet sich für Sit-ups – jederzeit, egal, wo wir sind. Wir müssen einfach auf den Boden hinunter und *die Eingeweide fesseln.*

ZEN
FAHRRAD

Fragen Sie den Gewinner der Tour de France, wie man
Fahrrad fährt. Egal, wie sachkundig er ist, egal, wie beredt
seine Worte sind – er kann sagen, was er will, es wird einem
Anfänger nicht ermöglichen, einfach ein Fahrrad zu be-
steigen und loszufahren.

Zen erlernen wir genauso, wie wir das Radfahren erlernen: durch die Erfahrung unseres eigenen Körpers.
Theorien und Lehren können uns leiten, aber Zen liegt im
Tun – jeder von uns muss seine eigene Balance finden, um
ein Fahrrad zu fahren. Sobald wir es gelernt haben, werden
wir es nie wieder vergessen, egal, wie lange wir nicht Fahrrad gefahren sind. «Was du gelehrt worden bist, indem du
den Worten anderer gelauscht hast, wirst du sehr schnell
vergessen», sagt der Karatemeister Gichin Funakoshi.
«Was du mit deinem ganzen Körper gelernt hast, wirst du
dir dein ganzes Leben lang merken.»

Durch Zen suchen wir diesen Ort des Gleichgewichts,
den man *chudan*, «mittleren Grund», nennt, zu finden und
zu behalten. Das ist der Grund des totalen Gleichgewichts,
der Ort, von dem aus wir all unsere Handlungen lenken
möchten. Wenn wir uns aus unserem Zentrum bewegen,
bewegt unser Zentrum sich mit uns. Unabhängig davon,
was wir tun oder wohin wir gehen, bleiben wir im Hier und
Jetzt verwurzelt. Physisch, mental und spirituell bewahren
wir unser Gleichgewicht.

Wie wenn wir das Fahrradfahren lernen, kann es gefährlich sein, ein solches Gleichgewicht zu suchen. Wir können im Nu aus dem *chudan* hinausgeworfen werden. Den *chudan* zu erreichen erfordert Übung, ihn zu halten noch mehr.

Wenn es doch nur so einfach wäre, dass es genügt, ein Buch über Zen zu lesen, um zur Erleuchtung zu gelangen. Ein Buch kann uns zwar anregen und Einsichten bieten, aber niemand kann uns die Arbeit des Zen abnehmen – jeder von uns muss die Initiative übernehmen und die Wahrheit allein suchen. Wir müssen aufs Fahrrad steigen, unser Gleichgewicht finden und losfahren. Auch wenn wir vielleicht hinfallen und uns ein paarmal die Knie aufschürfen – wir müssen wieder aufsteigen. Es gibt keine andere Möglichkeit zu lernen.

Radeln Sie auf der einen geraden Straße vor Ihnen.

ZEN
JOGGING

Einen Fuß vor den anderen Fuß vor den anderen Fuß vor den
anderen Fuß vor den anderen Fuß vor den anderen Fuß vor den
anderen Fuß vor den anderen Fuß vor den anderen Fuß vor den
anderen Fuß vor den anderen Fuß vor den anderen Fuß vor den
anderen Fuß vor den anderen Fuß vor den anderen Fuß vor den
anderen Fuß vor den anderen Fuß vor den anderen Fuß vor den
anderen Fuß vor den anderen Fuß vor den anderen Fuß vor den
anderen Fuß vor den anderen Fuß vor den anderen Fuß vor den
anderen Fuß vor den anderen Fuß vor den anderen Fuß vor den
anderen Fuß vor den anderen Fuß vor den anderen Fuß vor den
anderen Fuß vor den anderen Fuß vor den anderen Fuß vor den
anderen Fuß vor den anderen Fuß vor den anderen Fuß vor den
anderen Fuß vor den anderen Fuß vor den anderen Fuß vor den
anderen Fuß vor den anderen Fuß vor den anderen Fuß vor den
anderen Fuß vor den anderen Fuß vor den anderen Fuß vor den
anderen Fuß vor den anderen Fuß vor den anderen Fuß vor den
anderen Fuß vor den anderen Fuß vor den anderen Fuß vor den
anderen Fuß vor den anderen Fuß vor den anderen Fuß vor den
anderen Fuß vor den anderen Fuß vor den anderen Fuß vor den
anderen

ZEN
WASSERFLASCHE

Ein chinesisches Sprichwort lautet:
Wenn du Wasser trinkst, erinnere dich an seine Quelle.

Nichts anderes ist Zen.

ZEN
DUSCHE

Jede Dusche, die wir nehmen, stellt einen Augenblick der spirituellen Wiedergeburt dar. Während das Wasser von oben herabfließt, an unserem Körper hinunterläuft, fühlen wir uns durch seine Energie wie neu belebt. Unsere Poren öffnen sich, und wir entledigen uns unserer Unreinheiten. Wir waschen uns, werfen unsere tote Haut ab und polieren die neue.

Eine Dusche bringt uns im Unterbewusstsein zum Augenblick unserer Geburt zurück, wenn wir aus dem Mutterleib zu einer sofortigen Reinigung auftauchen. Sie vermittelt uns ein tief verwurzeltes Gefühl der Erneuerung, das dem gleicht, was die Zen-Meister jedes Mal beschreiben, wenn wir zu lange vom Wasser weg sind:

Den ersten Regen spüren
nach einer langen Dürre;
Einem alten Freund begegnen
in einem fremden Land.

Gereinigt und neu geboren, treten wir aus der Dusche und wickeln uns in ein Handtuch.

Mutter Erde wartet mit offenen Armen.

ZEN
TOILETTE

Wir neigen dazu, uns den göttlichen Geist als strahlend vorzustellen, aber er umfasst alle Dinge, auch die schmutzigen, ekelhaften und unanständigen.

Ja, Zen lässt sich sogar in der Toilette finden.

Ein Mönch fragte einmal den Zen-Meister Ummon: «Was ist Buddha?»

Die Antwort lautete: «Ein Scheißhaus!»

Der Mönch war schockiert über die vulgäre Art des Meisters. Aber Ummon wollte damit sagen, dass alle Dinge von Gott sprechen, sogar besudeltes Toilettenpapier. Wir stellen uns körperlichen Abfall als schmutzig vor, und doch kann er den Boden als Dünger nähren.

Eine andere Zen-Geschichte erzählt von einem Schüler, der zu seinem Meister sagte: «Bitte zeig mir Zen.»

Der Meister erwiderte: «Ich muss mich erleichtern.»

Als er zurückkehrte, sagte er: «Zen ist wie aufs Klo gehen. Ich kann es nicht für dich tun. Du musst schon selbst gehen.»

Reich oder arm, berühmt oder anonym – wir alle müssen gehen.

Wenn die Natur ruft, hören Sie auf die Natur.

ZEN
KNABBERSACHEN

Das Pferd auf dem Feld weiß nichts von Frühstück, Mittag-
oder Abendessen. Es frisst, wenn es Hunger hat. Beim Zen
geht es darum, der gleichen Natürlichkeit zu folgen.

Die Zen-Meister kennen einen Spruch: «Iss, wenn du
Hunger hast, schlafe, wenn du müde bist.» Er bedeutet
einfach, dass wir auf die Rhythmen des Körpers hören sollen. Dem Körper wohnt eine Weisheit inne, die uns sagt,
was er braucht. Wenn wir diese Bedürfnisse zu lange ignorieren, schwächen wir das Gefäß unseres Geistes.

Wenn wir zu unterscheiden lernen zwischen dem, was
unser Körper braucht, und dem, was er begehrt, ist das ein
Teil des Trainings. Denn die wahre Lehre des «Iss, wenn du
Hunger hast, schlafe, wenn du müde bist» liegt in dem, was
unausgesprochen bleibt: Iss nicht, wenn du keinen Hunger
hast. Überessen Sie sich nicht, genießen Sie nicht zu viele
Tassen Kaffee, und benutzen Sie das Essen nicht als Ersatz
für emotionale oder spirituelle Nahrung.

«Die größte Schüssel füllt sich zuletzt», sagen Zen-
Meister. Indem wir unsere Begierden mäßigen, lernen wir,
unsere Schüssel klein zu halten. Dann braucht es nicht viel,
um unseren Hunger zu stillen.

Wenn Sie sich einen Happen schnappen, achten Sie darauf, dass er Ihren Geist nährt.

ZEN
SPAZIERGANG IM PARK

Flanieren
Abfall
Blüte
Wolke
Regen
Pfütze
Parkbank

ZEN
FLANIEREN

Unsere Füße sorgen mehr als jeder andere Körperteil dafür, dass wir mit der Erde in Kontakt bleiben. Wenn wir gehen, sagen die Zen-Meister, sollten wir einen Augenblick über das nachdenken, was sich unter unseren Füßen befindet. «Gehen Sie, als würden Sie die Erde mit Ihren Füßen küssen», sagt Thich Nhat Hanh. Wenn wir uns in diesem Geist bewegen können, fährt er fort, «lässt jeder Schritt eine Blume erblühen».

Der Weg des Zen erfordert ständige Aufmerksamkeit, weil wir so leicht fehlgehen können. Die Meister sagen: «*Kyakka o miyo* – pass auf.» Ein einziger Akt der Trägheit, des Egoismus oder der Kleinlichkeit kann zu einer langen Abweichung vom Weg führen.

Wenn wir Schritt für Schritt vorankommen können, uns im Gleichgewicht bewegen, die Füße den Boden unter sich kennen, dann ist jede Richtung, die wir einschlagen, der richtige Weg. Egal, wohin wir schlendern, wir sind auf dem Königsweg.

Schreiten Sie munter los!

ZEN
ABFALL

Die Zen-Meister kennen den Spruch: «Schneeflocken fallen nicht auf einen ungeeigneten Ort.» Auch Abfall nicht. Eine Schneeflocke kann nicht irgendwohin fallen, sondern nur dahin, wohin sie fällt – sie landet dort, wo sie landet. Das Gleiche gilt für alle Dinge auf dieser Welt, sogar für ein Stück Müll im Park. Wenn es da liegt, spiegelt es einen Ausdruck der Natur wider – in diesem Fall die Rücksichtslosigkeit oder Gleichgültigkeit eines Menschen. Es ist der Zeit und dem Ort «angemessen», weil es von menschlichem Verhalten ausgeht. Alles ist in diesem Augenblick, wie es ist, *weil es nun einmal so ist*.

Damit soll nicht gesagt sein, dass die Situation unabänderlich ist. Niemand wird Ihnen dafür danken, dass Sie den Abfall von jemand anderem aufheben – niemand wird es vielleicht auch nur bemerken. Aber wo Hässlichkeit war, stellen Sie Schönheit wieder her – wo Rücksichtslosigkeit war, bekunden Sie Rücksichtnahme.

Wo zuvor Schnee fiel, fällt neuer Schnee, um ihn zuzudecken.

ZEN
BLÜTE

In Japan hat die Kirschblüte eine besondere poetische Bedeutung. Die Kürze und Intensität der Blüte dient als Metapher für die kurze Zeit, die wir auf dieser Erde sind. Der Dichter Basho schrieb:

> *Zwischen zwei Leben*
> *von uns ist auch das Leben*
> *weißer Kirschblüten*

Wir müssen jedoch nicht auf dieser Kürze beharren – alles, was zählt, ist die volle Blüte.

Wie jeder von uns.

Jede Blüte enthält die Botschaft und das Geheimnis des Lebens. Der Buddha drehte eine Blüte zwischen zwei Fingern, und Kasyapa lächelte. Der Buddha hätte sonst etwas in der Hand halten können, und die Botschaft wäre die gleiche gewesen. Aber er hielt eine Blüte.

Schau tief hinein in diese Blüte, sagt der Teemeister Sen Rikyu, denn sie erzählt eine universale Geschichte. Der Legende nach besuchte der Shogun von Japan, Toyotomi Hideyoshi, einmal Rikyu, um einige Purpurwinden zu sehen, die damals in Japan eine Seltenheit waren. Als der Shogun eintraf, erwartete er eine Fülle frischer Blüten, aber als er sich dem Haus näherte, sah er nichts. Enttäuscht betrat er den Teeraum. Im geschmückten Alkoven entdeckte er eine einzelne Purpurwinde, die nass vom Tau in einem Gefäß schwamm.

Rikyus Botschaft: Betrachte die Schönheit dieser einen Blüte. Hier, in der Geschichte von der einzelnen Blüte, liegt die Geschichte des ganzen Lebens: die immanente Energie, die sie erblühen ließ; die Strahlung des Augenblicks; das künftige Welken; und die Saat der Wiedergeburt. Das ist die Wahrheit der Natur, ebenso wie die von uns.

Hätte der Shogun ein Feld von Purpurwinden erblickt, dann hätten diese zwar schön, aber unterschiedslos ausgesehen. Indem Rikyu nur eine Blüte zeigte, brachte er die Einzigartigkeit der Blume und die Schönheit aller Purpurwinden zum Ausdruck – und darüber hinaus die Schönheit aller Dinge auf dieser Erde in ihrer herrlichen, individuellen Vielfalt.

Von allen Dingen auf dieser großen, weiten Welt hielt der Buddha eine einzelne Blüte.

Bleiben Sie stehen, und riechen Sie – und lächeln Sie.

ZEN
WOLKE

Als Kinder schauen wir zu den Wolken hoch und stellen uns vor, verschiedene Gestalten zu sehen – ein Kaninchen, einen Löwen, einen Drachen. Im Zen erblicken wir die spirituelle Bedeutung der Wolken.

Alles, was wir über unsere Zeit auf dieser Erde wissen müssen, erfahren wir, wenn wir zum Himmel hochschauen und die Wolken sehen. Suchen Sie sich eine Wolke aus, irgendeine. Sie ist das Bild Ihres Geistes.

Im Zen heißen die wandernden Mönche *unsui*, wörtlich «Wolke und Wasser». Ein *unsui* verkörpert den Geist des Zen-Trainings, treibend, fließend, zugleich mit und ohne Form. Eine Wolke ist hier vor unseren Augen, sie verändert sich ständig, entwickelt sich durch eine riesige Leinwand der Leere hindurch, und dann ist sie weg, wie wir selbst.

Jeden Tag spricht der schweigende Himmel die dynamische Wahrheit, für alle leicht zu erkennen.

Eine Wolke erzählt die Geschichte.

ZEN
REGEN

Wenn die Zen-Meister sagen: «Jeder Tag ist ein guter Tag», dann beziehen sie damit auch das Wetter ein.

Oft unterscheiden wir zwischen «gutem Wetter» und «schlechtem Wetter», aber was für den einen Menschen gutes Wetter ist, das ist für einen anderen schlechtes Wetter. Irgendwo hofft ein Bauer auf Regen. Irgendwo anders erhofft sich jemand, der ein Picknick machen will, blauen Himmel. So ist es immer. Ein Zen-Gedicht lautet:

> *Der erhoffte Regen*
> *Fiel auf die, die*
> *Ihn nicht wollten.*

Welches Wetter der Tag auch bringt, wir müssen es akzeptieren. Sich über den Regen oder sein Ausbleiben zu beklagen verweist auf einen Geist, der nicht im Einklang mit der Natur ist. Stimmen wir uns auf die Natur ein, ist uns das Wetter – ob Regen oder Sonnenschein – immer willkommen. Ohne den Regen, ohne die Sonne gäbe es keine Blüte im Frühling, kein Leben auf Erden.

Lassen Sie ein Lächeln Ihren Regenschirm sein.

ZEN
PFÜTZE

Nach dem Regen liegt Zen in den Pfützen.

Wenn wir auf eine Pfütze hinabschauen, erblicken wir das Spiegelbild einer über uns vorüberziehenden Wolke. Egal, welche Pfütze wir wählen – wir werden immer dieselbe Wolke erblicken. All die unzähligen Dinge auf der Welt sind wie diese Pfützen, sagen die Zen-Meister, denn jede spiegelt dasselbe Ding wider. Jede Pfütze hat zwar eine andere Form und Größe, aber egal, wie gering ihr Umfang oder wie seicht sie ist – das Spiegelbild ändert sich nicht. Ein Zen-Spruch lautet:

> *Ein Mond zeigt sich in jeder Pfütze;*
> *In jeder Pfütze der eine Mond.*

Kehren wir an die gleiche Stelle zurück, nachdem die Sonne eine Weile geschienen hat, wird die Pfütze weg sein – verdunstet in die Wolken oben.

Nun wirft die vorüberziehende Wolke ihren Schatten auf die zurückgebliebene Schmutzkruste.

ZEN
PARKBANK

Eine Parkbank ist ein guter Platz, um die Welt vorbeiziehen zu sehen, um die Vielfalt und das Spektakel des Lebens um uns herum zu genießen. Sie ist auch ein Ort, an dem wir mit unseren Gedanken allein sein können. Zen-Schüler geraten zuweilen in die Falle der Nabelschau – das heißt, sie blicken so lange in sich hinein, bis sie ichbezogen werden. Wir vergessen, dass der Nabel unseren Geist nach außen, nicht nach innen führen soll.

Wir alle wurden von einer Mutter geboren, mit der wir physisch durch eine Nabelschnur verbunden waren, genauso wie sie mit ihrer Mutter verbunden war. Immer weiter geht die Schnur zurück, bis zum Ursprung allen Seins.

Wenn wir über unseren Bauchnabel meditieren wollen, sollten wir uns an diese Schnur erinnern. Sie ist noch immer da und verbindet uns mit allen, die in der großen Parade des Lebens vorüberziehen.

Schauen Sie, wie Ihre Familie vorbeigeht.

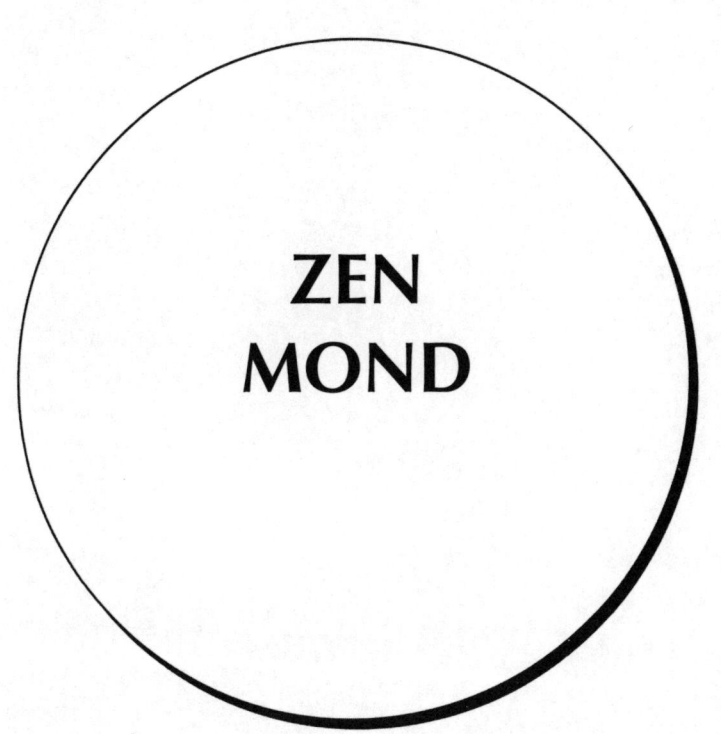

ZEN
MOND

ZEN
ABENDESSEN

Kochen
Küchenmesser
Müllschlucker
Esstisch
Kerze
Nachtisch

ZEN
KOCHEN

Die japanische Küche verwendet viel Sojasauce, die französische Küche viel Butter, die italienische Küche viel Knoblauch. Doch egal, um welchen Kochstil es sich handelt – die wichtigste Zutat ist immer die gleiche: die vom Koch hinzugefügte Liebe.

Die Meister der japanischen Teezeremonie kennen den Begriff *kokoro ire* – «die Einbeziehung des Geistes des Herzens». Die besten Teezeremonien haben nichts mit einer schicken Einrichtung zu tun, sie wollen die Teilnehmer auch nicht beeindrucken – ausschlaggebend für den Erfolg ist das aufrichtige und bescheidene Herz des Gastgebers.

Einmal wurde ich von einem befreundeten Musiker zum Abendessen eingeladen. Ich hatte keine Ahnung, dass er so wenig Geld hatte und es sich kaum leisten konnte, Lebensmittel zu kaufen. Die ganze Mahlzeit bestand aus Karotten und Reis – und sie war köstlich. Noch nie zuvor hatte ich Karotten und Reis wirklich geschmeckt. Die Tiefe seines *kokoro ire* vermittelte der Mahlzeit ein unvergessliches Aroma.

Das Herz unterscheidet die gute Küche von der Vorstellung von Essen als bloßem Brennstoff. Wenn die Menschen das Kochen für eine Pflicht oder eine lästige Routine halten, wird der Mahlzeit der Geist fehlen. Wenn sie zaghaft kochen, sich ihres Geschmacks nicht sicher sind, wird das Ergebnis fade sein. Wenn sie sich zu sehr anstrengen, um etwas Köstliches zuzubereiten, wird das Essen überspannt schmecken. Wenn sie sich unter Druck gesetzt fühlen, rechtzeitig zu servieren, wird die Hast auf dem Teller sichtbar werden.

Was auch immer wir bereiten wollen – eine Mahlzeit, einen Tisch, ein Bett –: Wir sollten es so gut machen, wie wir können. Andernfalls ist es geistlos.

Kochen Sie mutig. Servieren Sie Ihr Herz, und was leer ist, wird gefüllt.

ZEN
KÜCHENMESSER

Das Zerschneiden des Gemüses und das Tranchieren des Truthahns erinnern uns an den Zen-Spruch: «Das Schwert kann sich nicht selbst schneiden.»

Zen-Meister benutzen den Spruch, um uns davor zu warnen, die Wahrheit durch rationale Mittel verstehen zu wollen. So wie ein Messer dazu verwendet werden kann, alles zu schneiden außer seiner eigenen Klinge, können wir die Logik zwar dazu verwenden, menschliche Probleme zu analysieren, aber durch logische Schlussfolgerungen können wir nicht zur Erleuchtung gelangen. Unser Denken mag messerscharf und unser Wille wie gehärteter Stahl sein, doch die schiere Logik kann nie den göttlichen Geist verstehen. Die Wahrheit liegt zwar in jedem von uns, aber wir können sie nicht durch Denken herausholen.

Doch wenn die Wahrheit im Innern liegt, wie können wir sie dann herausholen?

Schneiden Sie das Gemüse, tranchieren Sie den Truthahn.

ZEN
MÜLLSCHLUCKER

Ein Freund hat mir einmal erklärt, er glaube an das «heimliche Kochen». Ich fragte ihn, was er damit meine.

«Wenn du fertig bist», erwiderte er, «sollte nichts darauf hindeuten, dass du jemals in der Küche warst.»

Seine Einstellung spiegelt das wider, was die Zen-Meister sagen: «Putze deinen Weg.» Manche Köche bereiten ihre Mahlzeiten und hinterlassen ein großes Chaos, das sie später beseitigen wollen, aber die Art des Zen ist es, sauber zu machen, während man kocht. Spülen Sie nicht mehr benötigte Sachen ab, werfen Sie Abfälle in den Müllschlucker, und räumen Sie die Zutaten auf *als Teil des Kochprozesses*. Wir können diese Einstellung auf alles anwenden, was wir tun, sei es die Hausarbeit oder das Leben in der Umwelt insgesamt.

Auf diese Weise kommt Sauberkeit dem Zen ganz nahe.

ZEN
ESSTISCH

Für viele Menschen ist das Abendessen eine Zeit, in der sie mit der Familie, mit Freunden oder lieben Menschen zusammenkommen und einander Gesellschaft leisten. Wenn wir uns zusammenfinden, um zu essen, nähren wir uns nicht nur, indem wir Brot brechen und Wein miteinander trinken, sondern auch voneinander. Was wir aus diesen Mahlzeiten zu uns nehmen, bindet uns zusammen und erhält unseren kollektiven Geist.

Selbst wenn wir solo essen, müssen wir uns nicht allein fühlen. Die göttliche Gegenwart ist stets da. Wenn wir an jeder Mahlzeit mit Dankbarkeit teilnehmen, vollzieht sich das Teilen zwischen uns und der großen Natur. Machen Sie dem Geist des Buddha Platz an Ihrem Tisch.

«Ein Mensch, der isst, hat weder Gier noch Zorn», lautet ein Zen-Spruch. Das gemeinsame Essen fördert die Harmonie in uns ebenso wie die mit der Natur und den Menschen, mit denen wir unsere Mahlzeit teilen. Aus der kleinen Harmonie einer Mahlzeit am Ende des Tages erwächst die größere Harmonie der Familie, der Gemeinschaft und mit allem, was uns umgibt.

Das Essen ist serviert.

Die ganze Welt hat Platz genommen.

ZEN
KERZE

Zünden Sie zum Abendessen eine Kerze an, und eine kleine Flamme taucht die Mahlzeit in göttliches Licht, sorgt für stille Wärme und erinnert an die Energie der Natur.

Wir vergleichen unsere Zeit auf dieser Erde mit der einer Kerze, die mit jedem Tag kürzer wird. Aber durch Zen identifizieren wir uns nicht mit der Kerze, sondern mit der Flamme. Wenn die Kerze abbrennt, mag die Flamme verschwinden – doch nur, bis das nächste Streichholz angezündet wird. Als elementare Kraft *ist* Feuer einfach, eine der Luft innewohnende Energie.

Ein Windstoß, die Flamme ist weg.

Wohin ging sie?

ZEN
NACHTISCH

Ein Nachtisch kann ein köstlicher Genuss sein. Ein guter Koch wird genau das richtige Dessert servieren, als Krönung einer guten Mahlzeit, eine Köstlichkeit, die sich in eine Ecke des Magens schmiegt, von deren Vorhandensein der Esser nichts ahnte. Solche Desserts können lange, nachdem die Mahlzeit beendet ist, genossen werden.

Wenn wir nur lernen könnten, das Leben genauso zu genießen. Der Buddha weist genau darauf hin in einer Parabel von einem Mann, der vor einem Tiger davonläuft. Der Mann kommt an einen Abgrund, packt eine Ranke und schwingt sich über den Rand. Unten sieht er einen zweiten Tiger lauern.

Plötzlich beginnen zwei Mäuse, eine weiße und eine schwarze, an der Ranke zu nagen. Während sich der Mann festklammert, um sein Leben zu retten, erblickt er eine Erdbeere, die neben ihm wächst. Er pflückt sie und steckt sie in den Mund.

«Wie süß sie schmeckt!»

Die Lehre des Buddha: Warten Sie nicht, bis Sie den Tod vor Augen haben, um die Süße des Lebens zu kosten. Genießen Sie sie jetzt. Jeder Atemzug, den wir tun, ist kostbar. Behandeln Sie ihn auch so, und das ganze Leben wird ein köstlicher Nachtisch.

Wir können unseren Kuchen tatsächlich behalten *und* ihn essen.

ZEN
HAUSARBEITEN

Müllentsorgen
Geschirrspülen
Fegen
Wäsche

ZEN
MÜLLENTSORGEN

Die spirituelle Praxis verlangt Aufmerksamkeit für unsere Handlungen, selbst wenn wir den Müll wegwerfen. Ein Schüler des Zen-Meisters Gisan erlangte die Erleuchtung in einem Augenblick der Verschwendung.

Als Gisan den Schüler aufforderte, ihm einen Eimer Wasser für sein Bad zu bringen, goss der Schüler Wasser ins Bad und schüttete den Rest auf den Boden. Der Meister schalt ihn: «Warum hast du das restliche Wasser nicht den Pflanzen gegeben? Welches Recht hast du, auch nur einen Tropfen Wasser in diesem Tempel zu verschwenden?»

In diesem Augenblick erkannte der Schüler das Zen. Um seine spirituelle Wiedergeburt zu signalisieren, nahm er den Namen Tekisui an – «ein Tropfen Wasser».

Ich erlebte ein ähnliches Erwachen, als ich in New York den Müll hinausstellte. In den Nächten, bevor der Müll abgeholt wird, gehen Obdachlose durch die Straßen und durchwühlen gerade abgestellte Müllsäcke nach Essensresten. An jenem Abend hatte ich das Katzenklo meiner Katze zusammen mit den Küchenabfällen in den Müllsack ausgeleert. Als ich später wieder nach Hause kam, entdeckte ich einen Obdachlosen, der den Sack durchwühlte, den ich hinausgestellt hatte. «Warum leeren die Leute bloß ihr Katzenklo hier aus!», sagte er. «Das ganze Essen ist verdorben!»

Da ging mir auf, dass nicht jeder Müll gleich ist – oder

auch nur Müll ist. Dass etwas noch lange nicht nutzlos ist, nur weil es für mich nicht mehr von Nutzen ist. Und dass ich nicht nur darauf achten sollte, was ich wegwerfe, sondern auch, wie ich es wegwerfe.

Wir können den Müll zwar aus den Augen verbannen, aber im Zen nicht aus dem Sinn.

ZEN
GESCHIRRSPÜLEN

Eine der berühmtesten Zen-Geschichten enthält eine Lehre, die der Zen-Meister Joshu einem neuen Mönch während der Ausbildung erteilte.

«Ich bin gerade ins Kloster eingetreten», sagte der Mönch. «Bitte unterrichte mich.»

«Hast du deinen Reisbrei gegessen?», fragte Joshu.

«Ja», sagte der Mönch.

«Dann hättest du besser daran getan, deine Schüssel zu waschen.»

Joshus Lehre ist einfach und doch tief schürfend: Bleib dran.

Jeder Augenblick ist zugleich einzigartig und Teil einer fortlaufenden Linie. Auf dieser Linie zu gehen heißt im Zen, bis zum nächsten Augenblick fortzufahren. Wenn die Mahlzeit vorbei ist, waschen wir das Geschirr; wenn das Geschirr sauber ist, räumen wir es auf. Zen ist nichts weiter als das Erledigen solcher einfachen Aufgaben, *mit voller Aufmerksamkeit*. Wenn wir dem Aufmerksamkeit schenken, was wir essen, wie wir sauber machen und wohin wir Dinge tun, brauchen wir nicht um spirituelle Unterweisung zu bitten.

Wir erteilen sie gerade.

ZEN
FEGEN

Mit Sicherheit hat sich die Technik von Besen im Laufe der Jahrhunderte nicht sehr verändert. Die Menschen fegen den Fußboden, seit der Staub sich immer wieder ansammelt.

Im menschlichen Bedürfnis nach dem Fegen spiegelt sich mehr als nur ein Verlangen nach Sauberkeit wider. Das Handeln erwächst aus unserer immanenten Spiritualität, sagen die Zen-Meister.

«Solche Handlungen wie das Entfernen von Staub aus dem Raum und der toten Blätter vom Gartenweg stehen alle für das Entfernen des ‹Staubs aus der Welt›», sagt der Teemeister Soshitsu Sen XV. «Der Akt des Säuberns ermöglicht einem somit, das reine und heilige Wesen der Dinge, von Mensch und Natur zu spüren.»

Der Buddha erzählt davon, wie er einmal einem Mann namens Sri begegnete, dessen Bruder es aufgegeben hatte, ihn zu erziehen. Sri, der sich für dumm hielt, erklärte dem Buddha unter Tränen, dass er alles Mögliche versucht habe, um gelehrt zu werden, sich aber an nichts erinnern könne.

Der Buddha gab ihm einen Besen und einen Mülleimer und sagte: «Fege und säubere jeden Tag. Beseitige den ganzen Staub der Welt.»

Indem er diese eine simple Übung wiederholte, erlangte Sri die Erleuchtung.

Immer, wenn wir um uns herum sauber machen, fühlen wir uns innerlich erfrischt. Zen ist nichts weiter als die tägliche Wiederholung dieser Praxis.

Tag für Tag.

Ein sauberes Fegen.

ZEN
WÄSCHE

Sie hört nie auf.

Immer ist noch mehr Wäsche zu waschen.

Es wird immer mehr Wäsche zu waschen sein.

Jeden Tag arbeiten wir und verschmutzen unsere Kleidung mit Schweiß. Wir werfen sie zur Schmutzwäsche und wiederholen den Vorgang am nächsten Tag.

Ein ununterbrochener Zyklus von Schuften, Verschmutzen und Säubern.

Klingt wie Zen.

ZEN
FEIERABEND

Wohnzimmer
Bier
Fernsehen
Film
Musik
Lektüre

ZEN
WOHNZIMMER

Ein Kampfsporttrainingssaal heißt im Japanischen *dojo*. Wörtlich bedeutet *dojo* «Ort des Weges», eine Anspielung auf den großen Weg von Natur und Leben. Durch unsere Handlungen im *dojo* suchen wir uns auf den Weg einzustimmen.

Jeder Ort kann ein *dojo* sein. Dazu ist nichts weiter erforderlich als die richtige geistige Einstellung. Ich habe schon gesehen, wie Kampfsportkurse in Garagen, auf Parkplätzen und in Cafeterias abgehalten wurden. Egal, um welche Umgebung es sich handelt: Die Schüler verbeugen sich, wenn sie eintreffen und wieder gehen, aus Respekt vor dem Lehrer und der spirituellen Natur ihrer Tätigkeit.

Genauso wie die Anhänger einer Religion zum Beten keine Kirche, keinen Tempel oder keine Synagoge brauchen, benötigen auch Zen-Schüler kein Kloster, um ein Zen-Leben zu führen. Solange Sie den richtigen Geist haben, kann jeder Raum ein Ort der Praxis sein. Die Zen-Meister sagen: «Der Weg ist überall dort, wo Menschen sich durch Training disziplinieren.»

In der Küche bereiten Sie Ihr Essen mit Feuereifer und Aufmerksamkeit zu.

Im Esszimmer nehmen Sie Ihr Essen mit Dankbarkeit und Freude zu sich.

Im Bad säubern Sie sich vom Staub der Welt.

Im Schlafzimmer lassen Sie den Tag los und begeben sich
zur Ruhe.

Im Wohnzimmer leben Sie.

ZEN
BIER

Im Allgemeinen verbindet man Zen nicht mit Bier. Schließlich halten sich Mönche an eine streng asketische Lebensweise. Aber Zen-Mönche sind anders als das Zen selbst. Während Mönche vielleicht abstinent sind, umfasst das Zen sowohl den Trinker als auch den Alkoholgegner.

Die Geschichte der östlichen Religionen enthält viele Beispiele von spirituellen Führern, die sich gern einen genehmigten. Der Sechste Dalai Lama, Tsangyang Gyatso, liebte bekanntermaßen die Bars ebenso wie die Frauen:

> *Wenn die Bardame nicht zögert,*
> *Wird das Bier immer weiter fließen.*
> *Diese Dame ist meine Zuflucht*
> *Und dieser Ort mein Himmel.*

Wie bei allen Dingen im Zen liegt der Weg zur Wahrheit auf dem Mittleren Weg zwischen Gegensätzen. Wenn wir trinken, müssen wir unsere Grenzen kennen. Wenn wir uns zurückhalten, sollten wir nicht die verurteilen, die mittrinken. Es gibt unzählige Wege zur Erleuchtung – wer behauptet, es existiere nur ein Weg, ist selbst blind für die Wahrheit.

Eine Zen-Geschichte weist hierauf hin, indem sie von zwei Lehrern mit gegensätzlichen Überzeugungen berichtet. Der erste, Unsho, trank nie. Der zweite, Tanzan, liebte den Wein.

Eines Tages besuchte Unsho Tanzan, der gerade Wein trank.

«Möchtest du nicht auch ein Glas?», fragte Tanzan.

«Ich trinke nie», erwiderte Unsho.

«Wer nicht trinkt, ist überhaupt kein Mensch», sagte Tanzan.

Ungläubig rief Unsho: «Willst du mich unmenschlich nennen, nur weil ich keinen Wein trinke? Wenn ich kein Mensch bin, was bin ich dann?»

«Ein Buddha», sagte Tanzan.

Essen Sie, trinken Sie, und seien Sie fröhlich.

Oder essen Sie bloß, und seien Sie fröhlich.

So oder so – zum Wohl.

ZEN
FERNSEHEN

Fernsehen ist eine weitere Tätigkeit, die scheinbar das Gegenteil der Zen-Praxis ist. Während Zen uns auffordert, unseren Geist zu leeren, erfüllt das Fernsehen uns mit Tönen und Bildern. Sagt Zen, dass wir den Geist von Bindungen befreien, verkauft das Fernsehen uns die neue und verstärkte Bindung. Verlangt Zen, dass der Geist nicht an irgendeinem Ort verweilt, fixiert das Fernsehen unsere Aufmerksamkeit auf den Bildschirm. Wir haben uns so an ein Leben voller Reize gewöhnt, dass wir offenbar Angst haben, einfach mit unseren eigenen Gedanken in einem Zimmer zu sitzen.

Und doch …

Zen umfasst alle Dinge – sogar das Fernsehen. Sicher, könnten Sie scherzhaft sagen, das Zen des Fernsehens ist leicht zu erkennen: der leere Bildschirm eines Fernsehers, der abgeschaltet ist. Aber sogar wenn er an ist, bietet das Fernsehen uns die gleiche Chance zur Erleuchtung wie jede andere Tätigkeit, solange wir achtsam und nicht achtlos zuschauen. Wenn wir den Fernseher anschalten, dann sollten wir uns dessen bewusst sein, was wir tun, selbst wenn wir nur ein wenig der Realität entfliehen, uns ein bisschen vom Druck des Alltags entspannen und den Geist nicht länger auf ein Problem fixieren wollen.

Ein spannender Film, eine Sitcom, eine Gameshow, eine Talkshow, die Nachrichten oder eine Werbesendung – alles wird gesendet, damit es auch gesehen wird. Somit vermittelt jede Sendung die gleiche unausgesprochene Botschaft: *Schau dies an, und bleibe dran.* Ist das nicht eine Zen-Botschaft?

Schau dies an: Seien Sie aufmerksam. Konzentrieren Sie sich genau hier, genau jetzt. Gehen Sie in diesem Augenblick auf.

Bleibe dran: Halten Sie Körper, Seele und Geist in Einklang – das heißt, in Harmonie. Erhalten Sie die Harmonie innen und außen aufrecht, in diesem Augenblick und bis in den nächsten hinein.

Wie wir auf die dem Fernsehen zugrunde liegende Botschaft reagieren, sagt eine Menge über unsere Werte und unser Verhalten aus. Entweder entscheiden wir uns dafür, zuzuschauen und dranzubleiben, oder nicht. Was, glauben wir, ist unsere Aufmerksamkeit wert? Wem werden wir unsere kostbare Zeit auf dieser Erde schenken, um es anzuschauen? Das kann eine mehrteilige Miniserie oder ein in einem Augenblick vorbeihuschendes Bild auf dem Bildschirm sein, während wir uns durch die Programme zappen. Was fesselt unsere Aufmerksamkeit, wie lange oder flüchtig es auch sein mag? Anders gefragt: Warum zappen wir über gewisse Bilder hinweg oder ignorieren ein Programm zugunsten eines anderen? Warum lassen wir den Fernseher weiterlaufen, während wir uns beklagen: «Heute gibt es nichts Gescheites im Fernsehen»? Je häufiger wir diese Fragen beantworten, desto achtsamer werden wir im Hinblick auf das, was wir tun und warum wir es tun.

Zweifellos sollten wir die Zeit, in der wir fernsehen, auf ein Minimum beschränken. Zen verlangt die Selbstdisziplin, zu wissen, wann es genug ist. Selbst der Augenblick des Ausschaltens bietet eine Chance zur Erkenntnis, da man die Leere spürt, die in einem Zimmer entsteht, in dem es plötzlich still wird. Was füllt den Raum?

Auch der leere Bildschirm sagt: *Schau dies an, und bleibe dran.*

ZEN
FILM

Die alten Zen-Meister haben nie einen Film gesehen, aber mit Sicherheit hätten sie das Medium Film verstanden, wenn sie es gekannt hätten. Zen lehrt, dass diese Welt von Zeit und Raum – das, was wir Wirklichkeit nennen – ein trügerischer Schleier ist, der die Quelle einer zeitlosen, raumlosen Ewigkeit verdeckt. In diesem Sinne ist das Leben wie ein Film, der auf eine Riesenleinwand projiziert wird. Der Projektor ist eine Große Leere, von der alle Dinge ausstrahlen.

Der Weise Chuang-Tzu schilderte das Erleben als eine Art vielschichtiger Illusion: «Ich träumte, ich sei ein Schmetterling, der träumte, ich sei ein Mensch.» Die Zen-Meister bringen das Erleben auf den Punkt, indem sie sagen: «*Mu-ichi-motsu* – nicht ein ‹Ding› existiert.» Wir nehmen an, dass unser Körper, dieser Stuhl und dieser Tisch existieren, aber Zen sagt, letzten Endes sind sie Erscheinungen – Teil des großen Schattenspiels namens Leben.

Auf die gleiche Weise, wie ein großartiger Film uns in seinen Bann zieht und Emotionen in uns auslöst, sorgt auch das Leben dafür, dass wir uns für die Figuren und die Handlung interessieren. Auf einer philosophischen Ebene mag zwar kein «Ding» existieren, aber gleichwohl spielen wir hundertprozentig unsere Rolle.

In dem Film namens Leben sind wir die Stars.
Action!

ZEN
MUSIK

Bevor es Aufzeichnungsgeräte gab, konnte man Musik nur genießen, wenn man sie spielte oder in einer Live-Aufführung hörte. Dank der modernen Technik können wir uns inzwischen unserer Lieblingssongs erfreuen, überall und wann immer wir wollen.

Die Aufzeichnungen sind genau das: Dokumente eines bestimmten Augenblicks in der Zeit. Diese Aufzeichnungen enthalten einen Geist, der bereit ist, jederzeit freigelassen zu werden. Der Schlüssel zu diesem Geist – das, was gute Musik ausmacht – ist das, was die Chinesen *qiyun* nennen: ein «mitfühlendes Schwingen des Lebensgeistes». *Qiyun* verbindet das Herz des Musikers mit dem Herzen des Zuhörers, indem es eine spirituelle Harmonie über Raum und Zeit hinweg erzeugt. Noch Jahre nach dem Tod des Künstlers kann das in einer einzelnen Aufnahme eingefangene *qiyun* weiterbestehen, wobei es die Zuhörer an einen höheren Ort versetzt und das Leben von Menschen verändert, die der Künstler nie gekannt hat.

Was verleiht dem *qiyun* diese besondere Schwingung? Der große Rhythmus in unserem Kern, die Energie, die den Tanz des Lebens beflügelt. Die Zen-Meister sprechen von *sekishu no onjo* – «dem Laut einer klatschenden Hand».

Nennen Sie es den Laut der Leere, den Laut der Stille oder die Stimme Gottes. Wie auch immer Sie es bezeichnen: *Bewegen Sie sich zum Rhythmus, und tanzen Sie.*

ZEN
LEKTÜRE

Die Macht der Bücher ist unbestritten. Denken wir nur an die Bücherverbrennungen in totalitären Staaten oder an die Bemühungen, gewisse Bücher aus Schulbibliotheken zu verbannen. Bücher haben die Fähigkeit, unbeherrschbare Kräfte zu entfesseln, die ebenso befreiend wie gefährlich sind. «Ein Peitschenhieb für ein munteres Pferd, ein Wort für einen weisen Mann», lautet ein Zen-Spruch. Ein Buch kann den Lauf der Geschichte verändern.

Auf dem Weg der Erleuchtung fahren die Weisen vergangener Zeiten fort, uns zu lehren und den Weg zu weisen. Wir alle müssen zwar die Weisheit allein entdecken, aber die großen Bücher sind dazu da, uns zu inspirieren und zu leiten.

Es ist ein typisches Zen-Paradoxon, dass einige dieser Bücher uns zugleich vor dem geschriebenen Wort warnen. Das einzige Buch, das wir je brauchen, sagen sie, ist ein Buch ohne Worte:

Der Wind ist sanft, der Mond ist klar.
Gelassen lese ich das Wahre Wort ohne Buchstaben.

Den Zen-Meistern bereitet es Sorgen, dass wir uns zu sehr an Worte und Bücher binden. Manche gehen sogar so weit zu sagen, dass Bücher verbrannt werden sollten – aber erst, *nachdem man sie gelesen und sie sich zu Herzen genommen hat.*

Es geht nicht darum, ein Buch zu haben, heißt es, sondern darum, zu wissen, was es sagt. Wie oft haben wir ein Buch durchgelesen und kurz darauf schon seine Botschaft vergessen?

Eine Zen-Geschichte warnt davor, sich an ein Buch, und sei es das liebste, zu klammern:

Auf seinem Sterbebett rief der Meister Mu-nan seinen Schüler Shoju in sein Zimmer.

«Hier ist ein Buch», sagte er. «Es ist seit sieben Generationen von Meister zu Meister weitergegeben worden. Ich habe auch viele Punkte nach meinem Wissen hinzugefügt. Das Buch ist sehr wertvoll, und ich gebe es dir zum Zeichen dafür, dass du mein Nachfolger bist.»

«Wenn das Buch etwas so Wichtiges ist, solltest du es lieber behalten», sagte Shoju. «Ich habe dein Zen ohne geschriebene Worte empfangen, und ich bin es zufrieden, wie es ist.»

«Ich weiß», erwiderte der Meister, «aber hier, du solltest es als Symbol der Lehre behalten.» Er drückte es Shoju in die Hand.

Shoju nahm das Buch und legte es auf die glühenden Kohlen auf dem Rost.

«Was tust du da!», schrie Mu-nan.

«Was sagst du da?», erwiderte Shoju.

Im Unterschied zu den meisten Bücherverbrennungen, die aus Furcht vor Wissen veranlasst werden, beweist Shojus Handeln ein gewisses Maß an Erleuchtung. Indem er Mu-nans Buch verbrannte, erteilte er seinem eigenen Lehrer eine Lehre: Lass los. Nichts Materielles dauert ewig, am wenigsten dieser materielle Körper, den wir bewohnen. In deinem Buch gibt es nichts, das ich nicht weiß – und es kann dies auch nicht geben, sobald die Erleuchtung erlangt ist. Und was das Weiterreichen des Buches an künftige Generationen betrifft, so kann kein geschriebenes Wort ihnen die Erfahrung der Erleuchtung vermitteln.

In der höchsten Natur des Universums verschwinden alle Bücher und alles Geschriebene ins Nichts. Der Zen-Meister Ikkyu schrieb:

> *Etwas zu schreiben,*
> *Um es zu hinterlassen,*
> *Ist nur eine andere Art von Traum:*
> *Wenn ich erwache, weiß ich, dass*
> *Es niemanden geben wird, um es zu lesen.*

Halten Sie diese Worte in Ihrem Herzen fest, und Sie können dieses Buch hier verbrennen.

ZEN
SCHLAFENSZEIT

Mondschein
Stern
Zikaden
Lachen
Sex
Bett
Schlaf
Traum

ZEN
MONDSCHEIN

In der Zen-Literatur ist keine Metapher so beliebt wie die des Mondes. Mit seiner Schönheit, seinen Zyklen, seinem reflektierten Licht und aufgrund der Tatsache, dass er allen scheint, symbolisiert der Mond die große Wahrheit der Natur.

Eine Zen-Strophe lautet:

> *Der Diener fragt mich*
> *nach [des Lebens] tiefster*
> *Bedeutung:*
> *Lächelnd deute ich nach draußen*
> *durch die Seidenvorhänge am Fenster*
> *– der Herbstmond.*

Jede Zen-Lehre ist wie ein Finger, der auf den Mond deutet. Alles, was die Meister sagen und tun, soll den Weg zu dem herrlichen Licht am Himmel weisen. Konzentriere dich nicht auf den Finger, sagen die Lehrer, weil der Finger nur den Weg weist. Genauso ist die Zen-Lehre bloß ein *Führer* zur Wahrheit, nicht die Wahrheit selbst. Konzentriere dich auf die Herrlichkeit des Mondes. Dort liegt die Wahrheit.

Dies war die Lehre des Zen-Meisters Ryokan Daigu, der eines Abends nach Hause kam und einen Dieb in seiner Hütte antraf.

Da Ryokan ein asketisches Leben führte, hatte er nichts,

was sich zu stehlen lohnte. Gleichwohl sagte er zu dem Eindringling: «Du bist vielleicht von weit her gekommen, um mich zu besuchen, und solltest nicht mit leeren Händen zurückkehren. Bitte nimm meine Kleider als Geschenk.» Er streifte sich das Hemd vom Rücken und gab es dem Mann.

Der Dieb nahm es und lief davon.

Ryokan sah zum Abendhimmel hoch und sagte: «Armer Kerl. Ich wünschte, ich könnte ihm diesen wunderschönen Mond geben.» Später schrieb er die Verse:

> *Der Dieb ließ ihn da*
> *Im Fensterrahmen –*
> *Den strahlenden Mond.*

So viele Menschen sind wie dieser Dieb – besessen von materiellen Gütern, klammern sie sich an Dinge, greifen nach mehr, horten Bindungen und sind sich der ewigen Wahrheit nicht bewusst. Zen fordert uns auf, darüber nachzudenken:

> *Huscht der Mond*
> *Vorbei*
> *Ohne Absicht?*
> *Er warnt dich als Bote,*
> *Dass dein Leben vergeht.*

Ein Zyklus geht zu Ende, und ein anderer beginnt. Indem wir nichts halten, spiegeln wir das Licht des Universums wider.

Die Wahrheit ist gleich dort am Himmel vor uns.

ZEN
STERN

Als Kinder lernen wir zu singen:

Weißt du, wie viel Sternlein stehen,
an dem blauen Himmelszelt?

Über Generationen hinweg wird das Lied weitergegeben,
weil es einfach, unschuldig und wahr ist und das ewige
Geheimnis des Universums beschwört. Wo es Fragen gibt,
da gibt es Zen – wie ein Diamant am Himmel.

Möge das Fragen nie aufhören.

ZEN
ZIKADEN

Lausche der Dunkelheit.
Hörst du diese Zikaden?
Darin liegt Erleuchtung.
Dies ist die Lehre des *Jugyu-zu* oder der «Zehn Ochsen-
bilder» des Zen-Meisters Kakuan aus dem 12. Jahrhundert.
Im *Jugyu-zu* wird unser inneres Ringen um Erleuchtung
mit einem Hirten verglichen, der einen Ochsen im Zaum
halten will, wobei der Ochse für das ewige Prinzip der
tätigen Natur steht. Je mehr es dem Hirten gelingt, den
Ochsen anzuspannen, desto näher kommt er der höchsten
Erkenntnis des Zen.
Am Anfang, berichtet Kakuan, kann der Hirt den Och-
sen nicht einmal ausmachen:

> *Trostlos in endloser Weite*
> *bahnt er sich auf und ab*
> *den Weg in wucherndem Gras*
> *und sucht seinen Ochsen …*
> *Völlig erschöpft ist der Körper,*
> *verzweifelt ermattet das Herz;*
> *wo nur soll er suchen?*
> *Im Abendnebel hört er einzig*
> *Zikaden im Ahorn zirpen.*

Der Hirt ist zutiefst verwirrt, verzweifelt will er seine Wahre Natur finden, diese essenzielle Dynamik, die allen Dingen im Universum neue Energie gibt, aber er weiß nicht, wo er suchen soll. So viele Menschen sind wie dieser Hirt – unglücklich durchstreifen sie die Welt auf der Suche nach der Antwort. Doch nie halten wir inne, um genau dort zu suchen, wo wir stehen.

Wenn wir wie der Hirt erschöpft sind und verzweifeln, dann kommt die Zeit zu ruhen. *Lausche den Zikaden,* sagt Kakuan. Wenn wir über diesen einen Laut lange genug meditieren, treten wir unseren Weg aus der Verwirrung an und kehren auf den Pfad zurück. Ein Laut kann unser Führer sein. Die Erleuchtung erwartet jeden, der Ohren hat, ihn zu hören.

Für den Hirten in Kakuans Erzählung ist der Gesang der Zikaden das, was ihn schließlich auf die richtige Spur führt, um den Ochsen zu finden. In aufeinander folgenden Stadien vermag er sich immer tiefer in sich hineinzubewegen, bis er die höchste Wahrheit erkennt.

Halten Sie inne.
Lauschen Sie.
Der Weg zur Wahrheit beginnt mit dem Gesang der Zikaden.

ZEN
LACHEN

Wenn jemand fragen sollte: «Was ist Zen?», könnte die beste Antwort ein Lachen sein – nicht ein gekünsteltes «Ha-ha», sondern ein spontanes Lachen aus dem Bauch heraus. Wenn ein Lachen ohne irgendeinen bewussten Gedanken anhebt, dann ist das Zen – eine völlig natürliche Reaktion auf den Augenblick. Wenn wir die Pointe jemandem erklären müssen, der sie nicht kapiert, geht der Witz flöten – ebenso das Zen.

Zen vermittelt den Eindruck, ernst und streng zu sein, aber als eine Philosophie, die sich des Paradoxen bedient, um zur Wahrheit zu gelangen, entdeckt es oft das Heitere im Absurden. Nehmen Sie zum Beispiel den folgenden Dialog zwischen zwei Mönchen:

«Ich werde dir eine Frage stellen», sagte der Erste. «Kannst du antworten?»

«Wie lautet die Frage?»

«Ich habe sie bereits gestellt.»

«Nun, ich habe sie bereits beantwortet.»

«Was hast du geantwortet?»

«Was hast du gefragt?»

«Ich habe nichts gefragt», sagte der Erste.

«Und ich habe nichts geantwortet», erwiderte der Zweite.

Zen bezieht sogar diejenigen ein, die über Zen lachen. So heißt es im *Tao Te King*:

Wenn geringe Menschen vom Weg hören,
spotten sie sehr darüber.
Wenn sie nicht darüber gelacht hätten,
wäre es nicht der Weg.

Lachen Sie über den Weg, lachen Sie mit dem Weg.
Lachen *ist* der Weg.

ZEN
SEX

Zen-Mönche verzichten auf Sex – für sie ist er eine irdische Begierde, die es zu überwinden gilt. Aber für den Zen-Meister Ikkyu war Sex das Tor zur Erleuchtung:

> *Die Herbstbrise*
> *einer einzigen Liebesnacht*
> *ist besser*
> *als hunderttausend Jahre*
> *steriler Sitzmeditation …*

In Ikkyus Zen verbindet uns der Sex direkt mit der Quelle der Schöpfung. Wir alle stammen von einem Mann und einer Frau ab. Wir sind *durch* Sex, eine Tatsache, die wir annehmen und nicht ignorieren sollten. Wir sind, wie unsere Partner, Manifestationen des Göttlichen. Sex sollte eine heilige, sogar fromme Dimension haben und gleichzeitig großen Spaß machen.

Wir müssen nichts weiter tun als einfach *Liebe machen*, im tiefsten Sinn dieser Worte. Wie wir schon festgestellt haben: Was auch immer wir vorhaben zu machen – wir sollten es so gut wie möglich machen. Die gleiche Regel gilt für die Liebe. Legen Sie Ihren ganzen Geist in das *Machen*. Manchmal vernachlässigen wir unseren Partner oder bemühen uns nur halbherzig. Großartiger Sex ist eine vollständig körperliche, vollständig seelische, vollständig *geisti-*

ge Erfahrung. Wenn nicht unser ganzes Herz beteiligt ist, machen wir nicht Liebe, sondern ein großes Durcheinander.

Wahres Liebemachen wirkt bis in die umgebende Welt hinein. Es kann körperliche Form annehmen, wie beim Machen eines Kindes, das zu einem gesunden, fürsorglichen Mitglied der Gesellschaft heranwächst. Oder es kann sich spirituell manifestieren. Wenn zwei Liebende die Quelle der Schöpfung erschließen, setzt sich die sich ergebende Glut fort und erfasst alle, denen sie begegnen.

Durch einen Liebesakt fühlen sich zehntausend Leben gesegnet. Und das ist wirklich *Liebe*-Machen.

ZEN
BETT

Auf einer Ebene, erklären uns die Zen-Meister, ist Zen nichts weiter als «Gehen, Stehen, Sitzen, Liegen». Dies sind die vier Grundpositionen des menschlichen Körpers. «Gehen, Stehen, Sitzen, Liegen» besagt, dass wir eine Zen-Haltung einnehmen, egal, was der Körper gerade tut. Darüber hinaus beschreibt «Gehen, Stehen, Sitzen, Liegen» unser Vorankommen im Leben.

Beim frühen Gehen bewegen wir uns auf dem Weg des Lebens, wir suchen, erleben und wachsen.

Wenn wir heranreifen, stehen wir und bereiten unseren Boden.

Wenn wir das Lebensende erreichen, sitzen wir in der Kontemplation.

Am Ende verscheiden wir und nehmen unsere letzte Haltung ein – wir liegen im Grab.

Wenn der Tag vorüber ist und es Zeit wird, uns zur Ruhe zu begeben, lasst uns zu unserem Bett gehen, wobei wir den Weg kennen, den wir nahmen, um dorthin zu gelangen; dastehen und ausziehen, indem wir unsere äußere Haut vom Tage abwerfen; sitzen und über das reflektieren, was wir gelernt haben; dann in Frieden hinlegen.

Wir haben unseren Ruheplatz erreicht.

ZEN
SCHLAF

Wir können noch so sehr versuchen, ihn hinauszuzögern – der Schlaf holt jeden von uns ein. «Er bezwingt den Tiger, er bezwingt den Löwen, und er bezwingt den wütenden Stier», lautet ein Spruch. «Er bezwingt Männer und Könige. Sie alle fallen ihm überwältigt zu Füßen.»

Manche Menschen legen sich unruhig nieder, ihr Geist wälzt Probleme, bis sie erschöpft einschlummern. Andere schlafen leicht ein, denn sie begrüßen das Ende des Tages. Zen liegt darin, dass man Letzteren friedvoll entlässt. «Schlaf einfach ein», sagen die Meister. Das heißt, an und für sich natürlich zu leben.

Eine Zen-Geschichte sagt das Gleiche. Sie erzählt von zwei Mönchen, die sich unterhielten, nachdem sie den Sommer fern vom Kloster verbracht hatten.

«Was hast du während des Sommers gemacht?», fragte der erste Mönch.

«Ich pflügte ein Feld und säte einen Korb voller Samen», erwiderte der Zweite.

«Das ist gut, du hast deine Zeit nicht verschwendet.»

«Und was hast du gemacht?», fragte der zweite Mönch.

«Tagsüber habe ich gegessen und nachts geschlafen», erwiderte der Erste.

«Das ist gut. Du hast deine Zeit auch nicht verschwendet.»

Wenn wir unser Dasein wahrhaft der Maxime «Ein Tag, ein ganzes Leben» unterstellen, erkennen wir in jedem Schlaf sowohl ein Ende als auch einen Anfang – das Ende des Tages, der gerade vorbei ist, und den Anfang des Tages, der kommt. Darüber hinaus beginnen wir, die Unausweichlichkeit des Schlafes mit der Unausweichlichkeit des Todes gleichzusetzen. Wir erkennen, dass beide natürliche und unvermeidliche Ereignisse sind.

Heute war ein guter Tag.
Und nun gute Nacht.

ZEN
TRAUM

Dieser Tag –
ein Traum.

Dieses Ich –
ein Traum.

Dieses Leben –
ein Traum.

Dieser Traum –
ein Traum.

Erwachen Sie.

Dank

Mein Dank gilt:

Meinem Juwel von einer Agentin, Laurie Fox von Linda Chester and Associates, für ihre unerschütterliche Unterstützung und Begeisterung.

Meinem Lektor Doug Abrams für seine Hilfe bei der Gestaltung des Buches und seine Sorgfalt bei jeder Seite.

Renee Sedliar für ihre gewissenhafte Aufmerksamkeit den Worten und ihrer Produktion gegenüber.

Und allen Leuten bei Harper San Francisco, die etwas gegeben haben, um dieses Buch auf die Welt zu bringen.

Gedankt sei auch:

Bo Hok Cline, weil sie so offen an ihre Aufgabe heranging und die vollkommenen Abbildungen schuf.

Salvatore Principato, weil er im Augenblick des Zweifels an das Projekt glaubte.

Meinen Eltern und Brüdern, weil sie hinter mir stehen.

Naomi, Keith und Jonathan, weil ihr seid, wer ihr seid.

Und Tracy, weil sie da ist.

Zu den Abbildungen

Die Abbildungen in diesem Buch stammen von Bo Hok Cline, Design Director bei Netscape. Ich bin ihrer Arbeit zum ersten Mal begegnet, als sie zur Begleitung eines Auszugs meines Buches *Zen Computer* für MSNBC.com ein wunderschönes modernes Bild eines Computers mit Hilfe von Pinselstrichen im japanischen Stil schuf. Ich fragte sie, was sie davon halte, diesen Stil auch bei meinem neuen Buch anzuwenden. Zu meiner großen Freude war sie dazu bereit, und das ist dem Buch sehr zugute gekommen.

Lektürevorschläge

Berg, Stephen: *Crow with No Mouth: Ikkyu, 15th Century Zen Master*, Port Townsend, WA, 1989.

Cleary, Thomas: *The Essential Tao*, New York 1998.

Deng Ming-Dao: *Zen: The Art of Modern Eastern Cooking*, San Francisco 1998.

Funakoshi, Gichin: *Karate-do. Mein Weg*, Heidelberg-Leimen 1993.

Grigg, Ray: *Das Tao des Seins*, Paderborn 1996.

Hanh, Thich Nhat: *Ein Lotos erblüht im Herzen*, München 1995.

Laotse: *Tao Te King*, Bern, München, Wien 1999.

Musashi, Miyamoto: *Das Buch der fünf Ringe*, München 1985.

Nakamura, Tadashi: *One Day, One Lifetime: An Illustrated Guide to the Spirit, Practice, and Philosophy of Seido Karate Meditation*, New York 1992.

Reps, Paul: *Ohne Worte – ohne Schweigen*, Bern, München, Wien 1980.

Sekida, Katsuki: *Two Zen Classics: Mumonkan and Hekiganroku*, New York 1977.

Shigematsu, Soiku (Übers.): *A Zen Forest: Sayings of the Masters*, New York 1981.

Shimano, Eido Tai, und Kogetsu Tani: *Zen-Wort, Zen-Schrift*, Berlin 1999.

Soshitsu Sen XV.: *Chado. Der Teeweg*, Berlin 1998.

Stevens, John (Übers.): *Wild Ways: Zen Poems of Ikkyu*, Boston 1995.

Sudo, Philip Toshio: *Zen oder die Kunst, achtsam mit seinem Computer umzugehen*, Bern, München, Wien 2000.

Ders.: *Zen Guitar*, New York 1997.

Ders.: *Zen Sex*, München 2002.

Der Ochs und der Hirte. Zen-Augenblicke, München 1994.

Kontaktadressen

Der Autor freut sich über alle Kommentare, Fragen und Antworten via E-Mail unter:
psudo@zencomputer.com

oder per Post an:
Zen Computer
P.O.Box 385278
Minneapolis, MN 55438

Leseproben aus den anderen Werken des Autors, Links und Gästebuch:
http://www.zenguitar.com
http://www.zencomputer.com
http://www.zensex.org